池坊短期大学教授
寿 マリコ
[著]

好印象で面接に勝つ!
就活メイク講座

An Interview is Won by an Agreeable Impression!
JOB HUNTING MAKEUP LECTURE

ミネルヴァ書房

はじめに

　これから就職活動を始めようとしている方，今まさに就職活動の真っ最中の方，みなさんそれぞれに将来の自分の夢に向かって進んでいらっしゃると思います。

　ところでみなさんは就職活動の際，どのようなメイクやヘアスタイル，服装で面接に挑んで（もしくは挑むつもりで）いるでしょうか。もちろんリクルートスーツに地味なメイク，あるいはメイクはせずに素顔で，髪は黒髪で長い髪は一つに結ぶ，と回答されると思います。

　面接試験では初対面の面接官に自分の魅力や熱意を短時間で伝えなくてはなりません。そのため第一印象が大変重要となります。第一印象のほとんどは人の外見から受ける印象です。外見だけで人を判断してはいけない……もちろんそうです。時間がたっぷりあれば内面をじっくり見てもらうことも可能ですが，短期間で勝負が決まる面接では外見印象の良し悪しが直接合否に影響するといっても過言ではありません。

　企業が求める人物とは，清潔感があり明るく健康的，熱意があり誠実で笑顔が素敵な「この人と一緒に働きたい」と思わせる人です。

　人の第一印象はその人に初めて会ってから数秒で決まり，さらにその印象が数分で定着すると言われています。また第一印象で「明

るい人」「真面目な人」など，ある程度その人の人物像まで推測しています。したがって面接で第一印象が悪いと自己 PR で自分の良い面をよほどうまく伝え，悪い印象を挽回しない限り「次」にはつながらないということなのです。つまり，面接で自分の熱い思いを面接官に好感触で聞いてもらい面接を「次」につなげるためには，まずは第一印象を良くする必要があるのです。

　外見印象を良くする方法の一つとしてヘアメイクがあります。学生の中には，中学生や高校生のころからメイクをしていたというかなり美容に詳しい学生もいれば，まったくメイクはしたことがない，化粧品も持っていないという学生もいます。しかしどの学生も，「面接に行くときは地味にすればよい」と思っていることが多く，面接に必要な外見印象を高める方法がよくわかっていないということが言えます。

　ただ単にメイクを薄くして黒髪を結んだだけでは外見印象は良くなりません。就職希望先に対する熱意や誠意などそれ自体は目に見えないものですが，その気持ちを表すように努力して行ったヘアメイクは，その人の外見という目に見えるかたちとなって表れ面接官に伝わります。

　毎年就職活動の時期になると「外見印象が重要なことはわかっていても，実際にどのようにしてよいのかわからない」という話をよく耳にします。また教職員の方々からも外見印象について「どのように指導してよいのか，よくわからない」という相談が寄

はじめに

せられます。

　本書はこのような疑問や悩みに対応した，就職活動に必要な「外見印象」に焦点を当てた内容です。一般的な就活メイクよりさらに踏み込んだ，外見印象を上げるためのヘアメイク法はもちろん，意外と知らない業界別ヘアメイクなどのテクニックや，面接試験での外見印象を良くする表情や身だしなみなどについてもわかりやすく解説しています。

　本書が就職活動に挑む方々の，チャンスをつかむ力になればと願っています。

寿　マリコ

好印象で面接に勝つ！
就活メイク講座
も　く　じ

はじめに

第1章　面接でチャンスをつかむのはこんな人！ …………… 1
　　　　——この人と一緒に働きたい

1　これが面接で損する顔
　　——面接試験では得する顔と損する顔があります…2

2　これが面接で得する顔
　　——面接でチャンスをつかむのはこんな人…3

3　就活メイク——就活メイクは面接成功への第1歩…4
　顔の各部の名称…5　スキンケア…6　ベースメイク…8　ポイントメイク…14　ヘアスタイリング…26　就活メイク完成…27

4　業種別就活ヘアメイクに挑戦！①…28

5　業種別就活ヘアメイクに挑戦！②…29

6　メイク崩れ対処法…30

7　メイクに必要な色彩知識…32

第2章　外見印象の重要性 ………………………………………… 33

1　第一印象は数秒で決まる…34

2　後にも影響を及ぼす第一印象…35

3　初対面であなたのメイク，髪型は見られている…36

4　「おしゃれ」としてのメイクと
　　「身だしなみ」としてのメイク…38

もくじ

5 自分を伝えるもう一つの手段
　　——ノンバーバルコミュニケーション…40

6 色が伝える外見印象…42

7 運命を変えた見ため力…44

■Beauty Column Ⅰ　メイクがもたらす気持ちの変化　46

第3章　就活メイクの理論と方法 …………………………………… 47

1 顔の印象——赤ちゃんはなぜかわいいか…48

2 メイクへの応用…50

3 自分の顔を分析する…51

4 メイクプランを立てる——どのような印象になりたいか…54

5 印象の良い顔とは…55

6 メイク技術で表現する…57
　①形による表現…58　②色による表現…63　③質感による表現…69

7 メイクでの印象変化の例…70

■Beauty Column Ⅱ　メイクの心理学研究　80

第4章　メイクの基礎知識 ……………………………………………… 81

1 メイクに必要な準備物…82

2 ベースメイクの基礎知識…83
　①メイクアップベース…85　②コントロールカラー…86　③コンシーラ…86　④ファンデーション…89　⑤フェイスパウダー…92

3 ポイントメイクの基礎知識…93
　①眉…95　②アイメイク…97　③チーク…100　④リップ…102　⑤ハイライト・ローライト…103

v

第5章　スキンケアの基礎知識 …………………………… 105

1. 皮膚について…106
   ①表皮…107　②真皮…108　③皮下組織…108

2. スキンケアに必要な準備物…108

3. スキンケアの目的と使用化粧品…109
   ①クレンジング…111　②洗顔…112　③化粧水…112　④乳液…113
   ⑤美容クリーム…114

4. 自分の肌タイプを知る…115

5. プラスワンのスキンケア…116
   ①日焼け止め…116　②パック…117　③フェイス・リンパドレナージュ…118　④ハンドマッサージ…123　⑤ネイルケア…125

   ■Beauty Column Ⅲ　さまざまな場でのメイクの活用　128

第6章　ヘアスタイリングの基礎知識 ……………………… 129

1. ヘアスタイリングに必要な準備物…130

2. 頭部のポイント…131

3. ヘアスタイルと外見印象…132
   ①髪を結ぶ位置…132　②髪の分け方…133

4. ヘアスタイリング剤の種類と特徴…133

5. ヘアスタイリング法…134
   ①ロングヘアのスタイリング法…134　②ミディアム，ショートヘアのスタイリング法…137

6. スキャルプケアの方法…138

   ■Beauty Column Ⅳ　アロマテラピーでリフレッシュ＆リラックス　143

第7章　業界別ヘアメイク法 ………………………………… 145

1. 一般事務／営業事務…146

2　ホテルスタッフ／ブライダルスタッフ…147
　　3　エアライン系…148
　　4　金融系…150
　　5　ビューティ系…151
　　6　医療／福祉…152
　　7　教育／保育…154
　　　■Beauty Column Ⅴ　就活の疲れをいやすアロマテラピー活用法　156

第8章　好印象の面接マナーテクニック……157
　　1　面接試験とは…158
　　2　面接の種類…158
　　3　面接日の流れ…159
　　4　笑顔は大切なコミュニケーションツール…161
　　5　視線，アイコンタクト，うなずきも重要…164
　　6　立ち居振る舞い・マナー対策…167
　　　①正しい姿勢・立ち方…167　②正しい姿勢・座り方…167　③お辞儀…168　④美しい椅子の座り方と立ち上がり方…171
　　7　服装は信頼度の判断材料…173
　　8　リクルートスーツ・基本の着こなし…174
　　9　ノックの音で連想される人物像…177
　　10　証明写真のきれいな撮り方…178
　　11　ビデオで撮り，自分を客観視する…181
　　　■Beauty Column Ⅵ　ハーブティーで香りと味を楽しんで　183

第9章　就活・トラブル対処法……185
　　1　困った！　こんなときどうするの？——肌トラブル対処法…186

2 気をつけよう！ 面接試験・外見印象失敗例…190
　①ヘアメイク失敗例…190　②ファッション失敗例……194
　■Beauty Column Ⅶ　就活の悩みを解決 アロマテラピー活用法　197
　■Beauty Column Ⅷ　障がいのある人の就職活動　198

引用文献…199
おわりに…203
美容・基本用語集…205

第1章

面接でチャンスをつかむのはこんな人!

――この人と一緒に働きたい――

1 これが面接で損する顔
――面接試験では得する顔と損する顔があります――

素顔

不健康
暗い etc.

写真1
素顔のままで顔色が悪く見え不健康そう。髪もボサボサでやる気がなく，暗い感じに見える。清潔感がなく就活には不向き。

派手メイク

不誠実
派手 etc.

写真2
囲みアイラインとマスカラをたっぷり塗って目を強調したメイク。チークやリップの色も派手めで，髪型も就活には不向き。

　この2枚の写真からどのような印象を受けるでしょうか？　写真1からは不健康そうで暗く元気がないネガティブな印象を受けます。また写真2からは派手で信頼性に欠ける印象を受けます。写真1，写真2から受ける印象では面接試験という大切な場面でせっかくのチャンスを逃してしまいます。

第1章　面接でチャンスをつかむのはこんな人！

2　これが面接で得する顔
――面接でチャンスをつかむのはこんな人――

就活メイク

健康的 明るい
清潔感 etc.

写真3
素顔でもなく派手メイクでもない，良いところを引き出した就活メイク。
健康的な肌づくりで明るくハツラツとしたイメージ。
眉や目元はキリッとした印象でやる気を感じさせます。チークは元気な
印象を，血色の良い唇と上がった口角は人の心を惹きつけます。
面接官から好印象を得る第一印象の良い得する顔です。

　写真1，2，3を比べてみて下さい。同じ人物でも髪型やメイク
でこんなにも印象が変わります。写真3は清潔感があり，明るく元
気でポジティブな印象を受けます。

　就職活動では，①清潔感がある，②健康的である，③明るい印象，
④熱意，⑤誠実さが伝わるようなメイクをすることが大切です。

3 就活メイク
―― 就活メイクは面接成功への第1歩 ――

　短時間に人間性や能力を判断される面接試験では外見印象がとても大切になります。第一印象のほとんどは外見を手がかりに決められます。「外見印象が良い」ことは美人であることではありません。いくら美人であっても，メイクを念入りにしていたとしても，それが第一印象の良い顔とは限りません。

　就活メイクはいつもの自分をさらに好印象に変化させるメイクです。面接官に自分の内面をしっかりと見てもらうためにも外見印象を良くして就職活動をスタートさせて下さい。

　それではみなさん，一緒に就活メイクを始めてみましょう。

就活メイク5か条

　就活メイクに必要な条件は5つです。

　清潔感があることは就活メイクの第一条件です。健康的な印象や明るい印象はその人の第一印象をアップさせます。また熱意や誠実さを感じさせるメイクをすることも重要です。

○良い印象	×悪い印象
清潔感	不　潔
健康的	不健康
明るい	暗　い
熱　意	無気力
誠　実	不誠実

第1章　面接でチャンスをつかむのはこんな人！

顔の各部の名称

　本書で使用する顔の各パーツの名称です。メイクでは頻繁に使用する用語ですので覚えておきましょう。

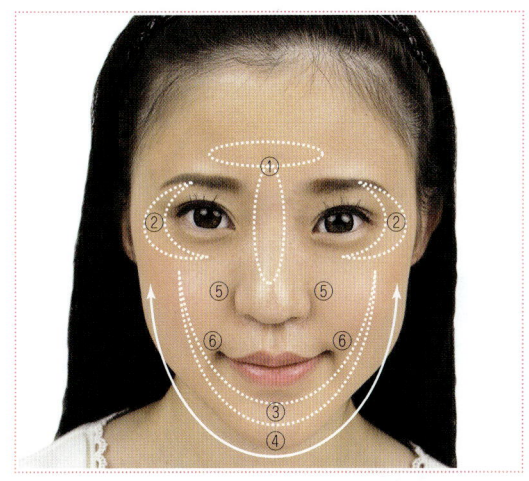

①Tゾーン：額から鼻先にかけてのT字の部分
②Cゾーン：眉の下から頬骨上の高い部分にかけてのC字の部分
③Uゾーン：左右の頬とあご先を結んだU字の部分
④フェイスライン：頬からあごにかけての顔の輪郭
⑤小鼻：鼻の左右の下部。鼻翼とも呼ばれる
⑥口角：左右の上唇と下唇のつながった部分

①眉頭（まゆがしら）：左右の眉の始まりの部分
②眉山（まゆやま）：左右の眉の一番高い部分
③眉尻（まゆじり）：左右の眉の終わりの部分
④目頭：左右の目の始まりの部分
⑤目尻：左右の目の終わりの部分
⑥アイホール：左右の眼球上部骨のくぼみの内側

スキンケア

素肌の美しさは丁寧なスキンケアから

素肌の美しさはメイクの出来を左右します。正しい洗顔は美しい素肌づくりの基本。洗顔の目的は皮脂や汗などの肌の汚れを取り除くことです。肌に負担をかけないよう洗顔料をたっぷりと泡立てて、ゴシゴシとこすらずやさしく洗います。

洗顔
～皮膚表面の健康を保つ～

■洗顔の方法

1. たっぷりの泡をのせ、水またはぬるま湯で洗います

洗顔料を泡立てたら、額、頬、鼻先、あご先に泡をのせてやさしくクルクルと洗います。
決して力を入れず、泡で汚れを浮き上がらせる感覚で洗いましょう。
洗い終わったらすすぎ残しがないように水、またはぬるま湯でしっかりと洗い流します。

2. フェイスタオルでやさしく水分をふき取ります

ふき取るときもゴシゴシと力を入れずやさしくふき取ります。
フェイスタオルで軽く押さえるように水分を取り除きましょう。

第1章 面接でチャンスをつかむのはこんな人！

| 化粧水＆乳液 |
| ～皮膚表面の健康を保つ～ |

　化粧水で肌に水分をたっぷり与え角質層を整えた後，乳液でしっかりと保湿します。化粧水はコットンで，乳液は両手でたっぷりつけてなじませましょう。

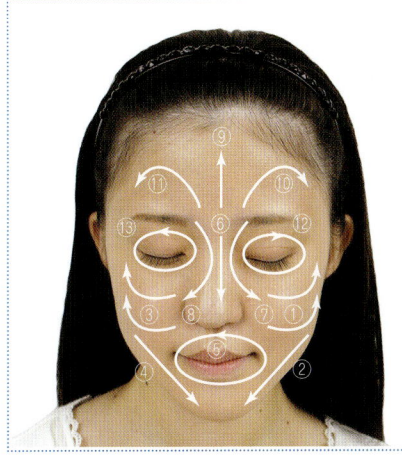

■化粧水，乳液のつけ方

1．化粧水をつける順番
①左頬の中央から（下→上）
②左頬からあご先
③右頬の中央から（下→上）
④右頬からあご先
⑤口の周り
⑥鼻筋
⑦⑧鼻側面（小鼻脇も）
⑨額中央
⑩左の額
⑪右の額
⑫左目の周り
⑬右目の周り

2．丁寧につけた後はパッティングで肌を引き締めます
コットンで化粧水を丁寧につけた後，両頬と額をパッティングします。

3．乳液でしっかり保湿します
乳液は10円玉大を両手でなじませ体温で顔全体に浸透させます。細かい部分は指先のハラでつけます。

ベースメイク

明るく元気な印象を与えるためにベースメイクは重要

　ベースメイクは肌の印象づくりを左右します。
　メイクアップベースは毛穴などの凹凸をカバーし，肌のキメを整える働きがあります。肌の色ムラやニキビ跡などにはコントロールカラーとコンシーラで調整します。

メイクアップベース
～肌のキメを整え
メイク崩れを防ぐ～
肌とファンデーションを密着させて，ファンデーションのツキやモチを良くします。

■メイクアップベースの使い方

1．メイクアップベースを点在させて顔にのせます

メイクアップベースは肌とファンデーションを密着させる役目です。
ファンデーションのツキ，モチを良くしてメイク崩れを防ぎます。
パール大を取って両頬，額，鼻先，あご先に点在させてのせていきます。

2．顔の外側に向かってのばします

中指と薬指のハラで，顔の中心から外側に向かってのばします。頬には多め，Tゾーンには少なめの量を，調節しながらつけます。まぶたの上や目の下，小鼻の横，口の周りなど細かいところも忘れずに，指先を使ってつけます。

第1章　面接でチャンスをつかむのはこんな人！

コントロールカラー
～顔色をきれいに整える～
均一で自然な顔色へ調節するために
ファンデーション前に使用します。

就活メイクでは明るい顔色が重要です。コントロールカラーを一度に大量につけると，逆に顔色が悪く見える場合もあるので注意しましょう。

■コントロールカラーの使い方

コントロールカラーで肌色補正をします
肌色をきれいに補正してくれるコントロールカラーは，素肌の状態に合わせて色を選びましょう（第4章86，87ページ参照）。
適度なカバー力でのびが良いリキッドタイプとしっかりカバーできるクリームタイプがあります。
色ムラがある部分に軽くのばして，さらにトラブルが気になる部分には重ねづけします。厚塗りになると顔色が悪く見えるので気をつけましょう。

コンシーラ
〜肌トラブルをカバーする〜
くすみやクマ，シミ，ニキビ跡など肌トラブルの種類に合わせて使い分けます。

■コンシーラの使い方

1．目の下のクマにはスティックタイプやペンシルタイプでライン塗り

面接試験に疲れた印象は厳禁です。目の下のクマにはあらかじめくぼんだ部分全体にリキッドタイプのコンシーラを薄くのばしておきます。次にスティックタイプやペンシルタイプのコンシーラでクマが一番濃く影になっている部分をライン塗りでカバーします。

2．小さい部分もスティックタイプやペンシルタイプを使用

シミやニキビ跡など小さい部分はスティックタイプやペンシルタイプを使用してピンポイントでカバーします。

3．顔のくすみにはコンシーラのプッシュ塗り

くすんだ肌も不健康に見えます。くすみにはリキッドタイプやクリームタイプのコンシーラを中指のハラを使ってトントンと軽くたたくようにプッシュ塗りでカバーします。

肌トラブルに応じたコンシーラの種類
広い部分に適したコンシーラ：リキッドタイプ，クリームタイプ
中間の部分に適したコンシーラ：スティックタイプ
小さい部分に適したコンシーラ：スティックタイプ，ペンシルタイプ

リキッドファンデーション
〜肌をきれいな色に整える〜
リキッドファンデーションはのびが良く,しっとりとした使用感。

ファンデーションの厚塗りは若々しさがなく不健康そうに見えて顔の印象を悪くします。

しっかりカバーするところと薄くのばすところ,メリハリをつけてナチュラルな印象に仕上げましょう。

■リキッドファンデーションの使い方

1. リキッドファンデーションの色を首に近い顔で試します
顔と首の色が違うと印象が悪くなります。正面を向いて首に近い顔の一部にリキッドファンデーションを塗り,色を確かめて合っていれば全体に塗っていきます。
本来の肌の色味と違和感のないものを選びましょう。

2. 顔の広い部分からのばします
頬,額,鼻,あご先にリキッドファンデーションをのせ,面積の広い部分からのばしていきます。中指と薬指のハラを使用して,顔の中心から外側に向かって薄くなるようにのばすと自然な印象になります。Tゾーンは薄めに,Uゾーンは比較的しっかりと塗りましょう。

3. 細かい部分は指先を使ってのばします
指先を使って小鼻の脇,口の周りなど細かい箇所を塗ります。まぶたの上や目の下もきちんと塗りましょう。

パウダーファンデーション
〜急ぎやメイク直しに活用〜
パウダーファンデーションはサラッと軽い使用感。

パウダーファンデーション つける量はどのぐらい？
化粧用スポンジの半分にパウダーファンデーションをつけ，3回に分けて顔全体にのばします。

■パウダーファンデーションの使い方

1．パウダーファンデーションの色を首に近い顔で試します
リキッドファンデーションと同様，正面を向いて首に近い顔の一部にパウダーファンデーションを塗り，色を確かめて合っていれば全体にのばしていきます。

2．顔の広い部分からのばします
全体にのばすときは化粧用スポンジを平らにしてのばします。
何度もパウダーファンデーションを化粧用スポンジにとってつけると厚塗りになるので，化粧用スポンジに半分つけた量を1か所分として，両頬，額と3回に分けてのばしていきましょう。

3．細かい部分は化粧用スポンジの角を使用
全体にのばしたら小鼻の脇や口の周り，まぶたの上，目の下などの細かい部分を塗ります。
細かい部分は化粧用スポンジを半分に折って角を使用します。

フェイスパウダー
～健康的な肌質を演出～
リキッドファンデーションを定着させメイクのモチを良くします。

フェイスパウダーはリキッドファンデーションの後に使用します。パウダーファンデーションを使った場合は使用しなくても大丈夫です。パウダーの粒子が細かく肌へのなじみが良いものを選びましょう。厚塗りでマットになりすぎると若々しさが失われます。適度なツヤのあるハーフマットに仕上げるのがポイントです。

■フェイスパウダーの使い方

1. フェイスパウダーをパウダーパフにつけて顔の広いところからのせる

大きめのパウダーパフにフェイスパウダーをつけて軽くもみ込みます。パウダーパフの面を押さえるようにして顔の広い部分からつけていきます。
ムラにならないよう顔全体に均一にのせるよう注意しましょう。

2. 細かい部分はパウダーパフの角を使って

まぶたの上や目の下，小鼻の脇，口の周りはパウダーパフを半分に折って角を使います。

3. 手の甲で軽くさわって確認

つけ終わったら手の甲で軽く頬をさわって質感を確認します。サラッとしていれば OK。

ポイントメイク

好印象を引き出すための重要な要素

ポイントメイクは眉，目元，口元などパーツの印象を自分のなりたいイメージに導くことができるので就活メイクにおいて重要な要素となります。面接試験では第一印象が合否を左右すると言っても過言ではありません。印象を良くするポイントメイクを学びましょう。

眉
~顔の印象を決める重要な箇所~
眉は顔のパーツの中で唯一，形を変えることが可能です。

基本の眉の長さを知りましょう
眉頭：目頭の垂直線上
眉尻：小鼻と目尻を結んだ延長線上

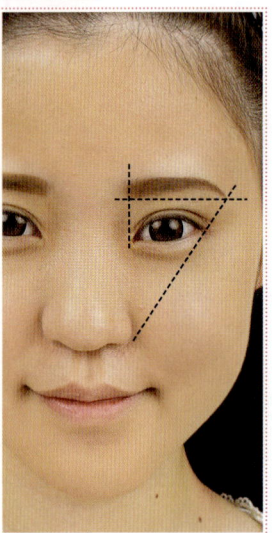

ボサボサ眉
生やしっぱなしの眉はだらしない印象を与えます。

細い眉
細く吊り上がった眉はきつく強情な印象を与えます。

薄い眉
毛が薄い眉は間が抜けて弱々しい印象を与えます。

太い眉
毛が多く太い眉は暗く野暮ったい印象を与えます。

第1章　面接でチャンスをつかむのはこんな人！

■眉の整え方

1．眉の毛流れを整えます
スクリューブラシで眉の毛流れにそってとかし毛流れを整えます。

2．長い毛をカット
コームでとかし，はみ出した長い毛を眉バサミでカットします。

3．ツィザーで抜きます
アイブロウペンシルでアウトラインを描き，はみ出した毛をツィザーで抜きます。丁寧に抜くことで眉毛の形がすっきりと整います。

4．産毛を剃ります
さらに眉の上下と眉間の産毛を剃ります。産毛を剃るとまぶたが明るく見え，アイシャドゥの発色も良くなります。

■眉の描き方

> 1．眉山の位置を決めます
> 基本となる眉の長さで眉頭から眉尻を3等分した3分の2の位置が眉山となります。

> 2．眉山から眉尻に向かって描きます
> 眉山の位置を決めたら，この位置から眉尻に向かって描いていきます。

眉頭は特に自然にぼかします
眉頭は特に自然にぼかしてわざとらしくない眉に仕上げます。
描き終わったら左右の眉の高さを確認しましょう。

> 3．眉山から眉頭に向かって描きます
> 眉山から眉頭に向かって薄くぼかしながら描いていきます。抜けている眉を1本1本生やしていく感覚で。

第1章　面接でチャンスをつかむのはこんな人！

アイシャドゥ
〜明るい目元で爽やかな印象に〜
熱意を表現する目元は就活メイクの重要ポイントです。

アイシャドゥをまったくしないのも，逆に濃すぎるのも就活メイクにはふさわしくありません。

明るいハイライトカラーと締め色の2色を使って自然なグラデーションで仕上げます。

■アイシャドゥの入れ方

> **1．ハイライトカラーをぼかします**
> アイボリーなどのハイライトカラーを1色選びます。
> アイホールの丸みにハイライトカラーをぼかします。

> **2．締め色をぼかします**
> ベージュやブラウンなどの少し暗めの締め色をもう1色選びます。
> ハイライトカラーの半分ぐらいの範囲に，目のフレームラインから上に向かってぼかします。

アイシャドゥの締め色の範囲は？
目を開けたときに締め色が2mmぐらい見える範囲につけるときれいな目元になります。

アイライン
～目力をアップさせやる気を見せる～ アイラインは意欲を感じさせる目元を 演出するのに欠かせないアイテムです。

■アイラインの描き方

1．まつ毛とまつ毛の間を埋める

アイラインは，目の縁に沿って上まぶたのまつ毛とまつ毛の間を埋めるように描きます。
一気に描かず，目尻から目の中央，目頭から目の中央と半分に分けてつなげても OK。

アイライナーの選び方は？
慣れるまではペンシルタイプが使いやすいでしょう。就活メイクの基本色は黒。芯が適度に柔らかいものが描きやすいです。

2．綿棒で自然にぼかす

アイラインが強調されくっきりしすぎると派手できつい印象になります。濃すぎる場合はアイシャドゥの締め色となじませるように綿棒で自然にぼかします。

第1章　面接でチャンスをつかむのはこんな人！

マスカラ
〜上向きのまつ毛で目を大きく〜
上向きのまつ毛は目を大きくぱっちりと見せる効果があります。

■ビューラーの使い方

　マスカラを使用する前にビューラーでまつ毛を上げておきます。

1．上まぶたのまつ毛の根元をビューラーではさみます
まつ毛の根元にビューラーをぴったりと合わせます。
ピッタリとあてることができない場合はビューラーのカーブと目の形が合っていないことが考えられます。
まつ毛を痛めないできれいに上げるために目の形に合ったビューラーを選びましょう。

2．まつ毛を3回に分けて上げていきます
一度に強い力を与えないで，3回に分けて徐々にまつ毛を上げていきます。
1の状態でまつ毛を挟みます。
2回目，3回目と毛先に向かってビューラーを少しずつずらしながらはさみ，カールをつけて上げていきます。

■マスカラの塗り方

就活メイクではマスカラのつけすぎは厳禁です。マスカラがダマになっていると不潔でだらしない印象になります。

また，下まぶたのまつ毛につけると派手な印象になるので上だけにつけるようにしましょう。

1．上まぶたのまつ毛にマスカラをつけます
斜め上を向いて上まぶたのまつ毛の根元にマスカラのブラシをセットして上に持ち上げるようにつけます。

2．上まぶたのまつ毛はマスカラを上下両方からつけます
少し下を向いて，まつ毛の上からもマスカラをつけます。
マスカラが乾く前にスクリューブラシやコームブラシでとかして濃くつきすぎないように注意しましょう。

就活メイクにつけまつ毛は NG！
就活メイクはおしゃれを演出するメイクとは違います。つけまつ毛は控えましょう。

第1章　面接でチャンスをつかむのはこんな人！

チーク
〜明るく健康的な印象を演出できる〜
チークを入れた肌は血色が良く見えイキイキとした印象になります。

チークは顔色を明るく健康的に見せる絶好のアイテムです。顔色が良く見える色を選び，つけすぎに注意して使いましょう。

■チークの入れ方

1．ほほ笑んだときに一番高く　なるところを見つけます
にっこりほほ笑んだときに一番高くなるところを見つけましょう。この部分を中心にぼかしていきます。

2．中心からこめかみに向かって　ブラシをスライドさせます
頬骨に沿って1の中心部分からこめかみに向かってブラシをスライドさせてチークをぼかします。

ブラシ表面のチークを払う
チークブラシにチークをつけたらブラシ表面の粉をティッシュペーパーで軽くふき取ります。
このひと手間でチークが濃くなることを防げます。

> **リップ**
> 〜ほほ笑んでいるような口元に〜
> ほほ笑んでいるような口元は誰に対しても好印象を与えます。

ほほ笑んでいるように見える口元は好感度を上げる要素です。また明るく血色の良い口元は健康的で清潔感を与えます。

■口紅のつけ方

> 1．コンシーラで唇の輪郭を消しておきます
>
> あらかじめコンシーラで唇の輪郭を消してからリップラインを描き始めます。

> 2．口角のくすみはペンシルタイプのコンシーラで
>
> 口角のくすみなどはペンシルタイプのコンシーラを使って修正しておきます。

> 3．リップペンシルで唇の輪郭を描きます
> リップペンシルを使うときれいなリップラインが描けます。
> 上唇の口角に近い部分をほんの少しふっくらと描き，上下の口角を内側でつなげて描くと口角が上がって見えます。

第 1 章　面接でチャンスをつかむのはこんな人！

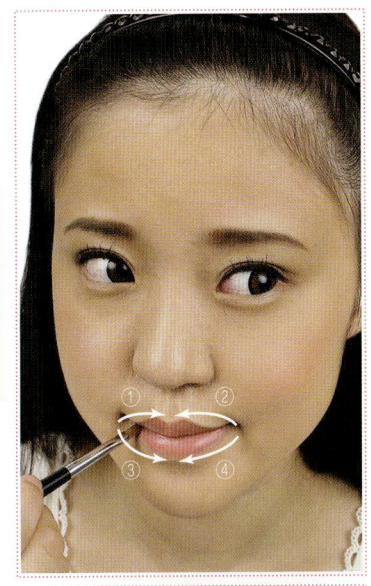

● リップブラシを使う場合
リップブラシを使用する場合は上唇の口角から中央①②→下唇の口角から中央③④の順に描き，ラインをぼかしていくように内側を塗ります。

● 直接口紅を塗る場合
少し口を開けて口紅の平たい面を上唇に密着させ，リップブラシを使う場合と同様の順番で口角から中央に向かって塗ります。
下唇も同様にして塗ります。

リップには明るい色と適度なツヤが必要
ナチュラルな色だと思ってベージュなどの肌色に近いリップを使用すると顔色が悪く見え，不健康な印象を与えます。
またツヤがまったくない唇も若々しさに欠け老けて見えます。
明るく自然に見えるピンク系やオレンジ系の色を選び，マットな口紅の場合はリップグロスで適度なツヤをプラスしましょう。

ハイライト＆ローライト
〜顔に立体感をつける〜
ハイライトとローライトで顔に立体感をつけると小顔効果があります。

ハイライトとローライトは顔に立体感をつけ輪郭を修正するために使用します。

ハイライトは高く見せたいところや広く見せたいところに，ローライトは小さく見せたいところや影をつけたいところに使用します。

■ローライトの入れ方

ローライトは卵型になるように入れます

ローライトは顔型が卵型になるように入れます。
エラが気になったり，顔をすっきり見せたいときにはフェイスラインの耳の下にブラシをあて，あご先に向かってぼかしながら入れます。

ローライトは
影をつける感覚で入れる

ローライトは色を入れるというよりは影をつけるという感覚で自然にぼかします。

第1章　面接でチャンスをつかむのはこんな人！

■ハイライトの入れ方

ハイライトを入れる場所を確認します
明るいベージュやホワイトなどのハイライトカラーを使用してTゾーン，Cゾーン，あご先に入れます。
適度にパール感があるハイライトは若々しい印象に仕上がります。

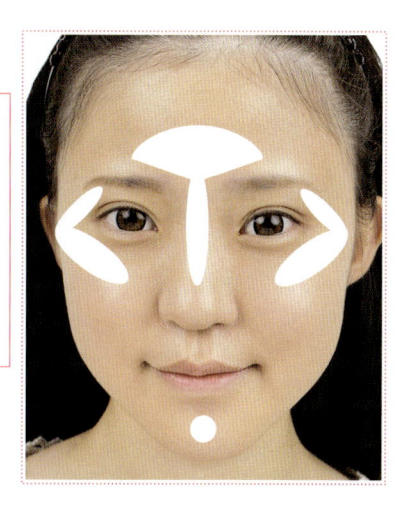

● ハイライトブラシを使うと入れやすい
ハイライトを入れる場合大きすぎるブラシや小さすぎるブラシはあまり使い勝手がよくありません。適度な大きさのブラシを使用しましょう。

● 疲れた印象が気になるとき
目頭下から瞳の中央下まで入れると肌がイキイキと見え透明感がプラス。

Tゾーンはイチョウ型に入れる
Tゾーンのハイライトはイチョウの葉のような形で入れます。鼻筋にそって入れる際，鼻先に向かって自然にぼかすように入れましょう。鼻先までしっかり入れると鼻が大きく見えるので注意しましょう。

25

ヘアスタイリング

■ヘアスタイリングの方法

1. 毛先にヘアスタイリング剤を
   つけます
   ワックスやジェル状などのヘアスタイリング剤を手に取って，毛先を中心につけます。

2. 表面だけでなく髪の内側にも
   つけます
   手グシでとかすようにして髪の内側にもヘアスタイリング剤を行き渡らせます。

3. 前髪はシングルピンで留め
   ヘアスプレーで固めます
   前髪は額にかからないよう横分けにしてシングルピンで留めヘアスプレーをします。きちんと固まったらシングルピンをそっと外します。
   お辞儀をした際に崩れないようにヘアスプレーで固めておきます。

第1章　面接でチャンスをつかむのはこんな人！

就活メイク完成

顔色が悪く不健康な印象。熱意も感じられません。髪で額が隠れだらしない印象。

メイクが派手なうえ，長い髪もまとめていないため清潔感がなく誠実さも感じられません。

清潔感があり，肌の血色も良いため明るく健康的です。熱意や誠実さも感じられる外見印象に仕上がりました。

4　業種別就活ヘアメイクに挑戦！　①

●普段の沙也加さん

医療・福祉

清潔感のある印象に

保育・教育

明るく快活な印象に

エアライン

親しみやすく女性らしい印象に

第1章　面接でチャンスをつかむのはこんな人！

5　業種別就活ヘアメイクに挑戦！　②

●普段の希良々さん

ビューティ

華やかで頼りがいのある印象に

金　融

誠実で信頼感のある印象に

ホテル・ブライダル

おだやかで気が利く印象に

6　メイク崩れ対処法

メイク崩れの箇所に応じて手早く直します。

■Tゾーンのメイク崩れを直す

1．ティッシュで皮脂を押さえます
Tゾーンは皮脂の分泌が多くメイク崩れしやすい箇所です。
Tゾーンのテカリはティッシュを四つ折りにして軽く押さえ取り除きます（ティッシュオフ）。

2．パウダーファンデーションで手直しをします
Tゾーンの皮脂をティッシュで押さえたらパウダーファンデーションでメイクを直します。
崩れている箇所を中心にパウダーファンデーションを軽くつけて直します。

■目の下のメイク崩れを直す

綿棒で崩れた箇所を修正します
アイシャドゥやアイライン，マスカラが崩れてパンダ目になった場合，綿棒を使って汚れを取り除きます。
取り除いた箇所にパウダーファンデーションを軽くのせて修正します。

第1章 面接でチャンスをつかむのはこんな人！

■チークの崩れを直す

疲れた顔色をチークで健康的に甦らせます
1日に何社も訪問した日は疲れもたまって顔色が悪くなっていることも。
そんなときにはチークで再び健康的な顔色を取り戻しましょう。

■眉ラインの崩れを直す

眉尻は消えやすい箇所なので面接前に手鏡でチェックしましょう
面接では横顔もチェックされています。眉尻が消えていないか確認しましょう。
消えて薄くなっている場合はアイブロウペンシルなどできちんと描き足しましょう。

■口元の崩れを直す

口紅も塗り直して明るい顔色にリメイクしましょう
口紅が取れて顔色が悪くなると疲れた印象に見えてしまいます。塗り直し，ティッシュで軽く押さえます。

7　メイクに必要な色彩知識

●色相環

色相の近い色同士を隣り合わせて輪にしたものを色相環といいます。

●有彩色（色味のある色）と無彩色（色味のない色）

有彩色　　　　　　　　　　　　　　無彩色

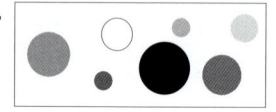

●色の感情効果

暖色：温かく感じる　　寒色：冷たく感じる　　中性色：どちらも感じない

●色相対比

・色相対比
　同じ緑でも周りが黄色の方は青みがかった色に，周りが青の方は黄みがかった色に見えます。

・明度対比
　中心部のグレーは白に囲まれていると暗く，黒に囲まれていると明るく見えます。

・彩度対比
　中心部の赤は彩度の高い色に囲まれているより彩度の低い色に囲まれた方が鮮やかに見えます。

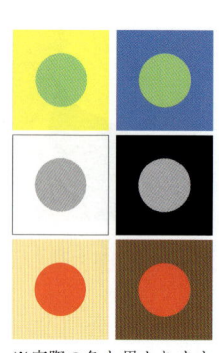

※実際の色と異なります。

第 2 章

外見印象の重要性

1　第一印象は数秒で決まる

　私たちは人に初めて会ったとき，パッと見た瞬間に「真面目そうな人だ」とか「爽やかな人だ」とか，あるいは「神経質そうだ」など，その人の外見からさまざまな印象を受けます。相手のことをまったく知らないのにもかかわらず内面的な性格までも推測し，「感じが良い人だ」とか「感じが悪い人だ」などその人を判断しています。

　ところで第一印象はどのくらいの時間で決まっているのでしょうか。諸説ありますが，一般的に「数秒で決まる」と言われています。数秒というと面接試験では名前を呼ばれて部屋に入りお辞儀をするぐらいまでの間です。部屋に入ってきたあなたを面接官が見て，ほとんど一瞬のうちにあなたの人となりまでを推測しているわけです。

　第一印象の多くは外見を手がかりに決められます。人は初対面の相手に対してその人の情報をほとんどもっていません。そのため外見上の特徴を観察し，その人物を判断する手がかりにしようとします。外見は第一印象の形成に重要な役割を果たします。会った瞬間にまず相手の顔を見て特徴を把握し，その特徴から人物像をつくりあげていきます。

　面接試験では面接官とあなたは初めて顔を合わすことになります。履歴書の写真や内容により多少の情報はあっても，初対面のあなたに対しての情報はほとんど白紙の状態です。面接試験では面接官にまず自分に興味をもって話を聞いてもらう必要があります。しかし場をわきまえていない派手なメイクや不健康な顔色，ボサボサの髪

第 2 章　外見印象の重要性

といった好ましくない外見印象で，感じが悪いと判断した人の話を興味深く聞こうとする面接官はそうそういないでしょう。面接という自分の人生において大事な場面で，自分が努力して身につけた能力や個性などが面接官に的確に伝わらないと，就職活動でまずスタートラインに立つことができません。つまりどんなに努力しようが外見印象が好ましくない場合その時点で終わりとなってしまいます。企業の人事担当者からも，面接で一番大切なのは第一印象であるとうかがいます。面接試験では数秒という短時間に自分の印象が決まってしまう可能性があるのですから，良い外見印象は成功への第一歩であると言えます。

2　後にも影響を及ぼす第一印象

　初対面での第一印象は後々まで影響することがわかっています。「清潔感がある人だ」「真面目そうだ」など，面接官の第一印象が良ければ面接での話の内容を好意的に聞いてもらえる可能性が高いと言えます。ところが第一印象で「だらしない」「暗い」などのネガティブな印象を与えてしまうと，よほど素晴らしい発言で挽回しないかぎり相手に与えてしまった印象は簡単には覆せない可能性があります。

　Coursey (1973) は，初頭効果と新近効果について被服が及ぼす影響の実験を行いました。初頭効果とは，Asch (1946) による一連の研究により示唆されている効果で，人は最初に与えられた情報により相手の全体的な印象を作ります。それによって後で与えられた情報を初めの印象に合うように意味を変えたり，印象に合致しない

情報を打ち消したりします。新近効果とは後で与えられる情報が全体の印象に与える影響が大きいとする効果のことです。Courseyの研究から，人の第一印象における形成過程ではその後の情報により変化しますが，初めに与えられた印象的な情報は強く影響し全体の印象として固められるとされています。この実験は被服の影響を調査したものですが，外見が影響する第一印象という点ではメイクや髪形にも同様のことが言えると考えられます。

第一印象で面接官に外見上のマイナスイメージを強く与えてしまうと，後々まで影響を及ぼす可能性があります。面接でのあなたの第一印象は次につなげるための大切な一歩です。面接官に自分の熱意をしっかりと伝え好意的に聞いてもらうために，第一印象を良くすることはたいへん重要なことなのです。

3 初対面であなたのメイク，髪型は見られている

初対面の外見印象について実施されたアンケート調査によると初対面で挨拶をする場合，男女ともまず顔全体を確認するという人がトップで過半数を占めるという結果でした。

その際に相手の身だしなみで必ず確認する場所は，女性の場合では1位が「メイク」，2位が「髪型」，3位が「スーツの着こなし」，以下「アクセサリー」，「ネイル」の順となっています。この調査の結果では，女性の場合は男性よりも総じて外見印象を重視されている傾向にありました。初対面では相手に対する情報が乏しいため，相手の内面を推測するために外見を手がかりとします。女性は初対面でメイクや髪形を男性以上にチェックされているわけですから，

第2章 外見印象の重要性

図2-1 外見印象とイメージ

第一印象で好感度を上げるためにメイクや髪形の印象を良くすることは重要です。

図2-1は外見印象からそれぞれの性格がどのように推測されるか、実際に調査した際の外見をイラストに表したものです。AからEまでの外見印象によりそれぞれの性格が次のように推測されました。Aは地味な外見印象から「消極的」に見られました。Bはこの姿で就職の面接試験に行き「知的」と好印象でした。Cの姿で野球大会に参加し「積極的」という印象でした。Dではこの姿でパーティに参加し「無分別」と思われました。Eは「社交的」と好感度を得ました。

このことから実際の性格とは関係なく、外見印象によってその人の性格が推測され判断されていることがわかります。また人に好まれる印象を得るためには、その場所に応じた外見印象が必要であることも忘れてはいけません。

4 「おしゃれ」としてのメイクと「身だしなみ」としてのメイク

メイクを適切に施すことで身体的な魅力が高まり外見印象が良くなるほか、その人の内面も好意的に評価されることが多くの研究から明らかにされています。

現代でも公の場ではマナーとしてメイクが必要ですが、かつて日本人の伝統的な意識には毎朝きちんとメイクをすることが常識であり、人前で素顔でいることは礼儀に反する行為とされていました。今とは違い社会的な制約が当然とされ、社会的強制力が強いもので

した。たとえばかつて日本で行われていた眉剃りやお歯黒などは身分や地位，結婚の有無，子供の有無など社会的な意味が存在しているものでした。

　現代にみられるメイクは個人の自由であり，メイクをする人自身の選択によるものがほとんどです。メイクは文化や流行，メイクをする人の環境や個人の価値観のもとで行われている行為です。自分を表現する手段として，メイクをする，しないも含めて自由に選ぶことができる現代では，自分の外見を社会が決めてくれていた時代から自分で決める時代になりました。それだけにメイク自体がその人を象徴する意味としてとられてしまうため，かえってその選択が難しくなっています。選択肢が広がったがゆえに現代ではメイクという自分を表出する手段がとても重要になってきたと言えるでしょう。

　メイクには「おしゃれ」としてのメイクと「身だしなみ」としてのメイクがあり，いずれも自分を表現する手段として大切ですが両者は異なるものです。就活メイクは通常のメイクとは違います。通常のメイクでは流行を意識したり，自分の好きな芸能人のメイクをまねたり，またメイクはしない派で常に素顔だったりとさまざまです。おしゃれとしてのメイクは自分らしさを表現する手段として重要ですが，いくら自分が良いと思っても流行を意識したメイクや素顔で面接試験に臨むのは場違いとなる場合が多いでしょう。

　一方，身だしなみとしてのメイクは自分の役割を意識したメイクです。これから社会人になることを前提にした就活メイクはこちらに当てはまります。社会人としての役割を意識した就活メイクは他者から好感をもたれるメイクでなければなりません。

　「それぐらいはわかっている」という方でも就活メイクを誤解し

ていることがあります。就職活動をしている多くの方が行っているのが，単にメイクを薄くして黒髪を一つに結ぶという自分なりの就活メイクです。メイクを薄くして黒髪を結んだだけでは，身だしなみが良いとは言えませんし外見印象も良くなりません。地味にすることと身だしなみを良くすることは別物です。就活メイクは独りよがりの思い込みではなく，相手に好印象をもたらす身だしなみとしてのメイクとは何かを理解し，適切にメイクを行うことが重要です。

5　自分を伝えるもう一つの手段
――ノンバーバルコミュニケーション――

　コミュニケーションとは人と人が互いに意思や思考，感情を伝え合うことです。コミュニケーションには，バーバルコミュニケーションとノンバーバルコミュニケーションという2つの種類があります。バーバルコミュニケーションとは言語によるコミュニケーションのことです。私たちが普段行っている会話がこれに当てはまります。ノンバーバルコミュニケーションとは，非言語コミュニケーションのことで視覚や聴覚，触覚を介したコミュニケーションがこれに当てはまります。

　バーバルコミュニケーションとノンバーバルコミュニケーション，双方は相反するものではなく互いに補完しあっています。会話をした相手に自分のメッセージが適切に届いているか判断するとき，私たちはバーバルコミュニケーションだけに頼っているわけではありません。たとえば面接試験で志願者がいくらやる気があるように発言したとしても，髪はボサボサで顔色が悪くメイクもしていなけれ

ば，その人の外見印象から面接官は発言内容を「本当かな？」と不審に思うでしょう。またある志願者が自分は誠実で真面目な性格だと自己 PR したとしても，その人が派手なメイクを施していると面接官は真実性を疑います。人はメッセージが送られた相手の言語以外の行動に注目して，発信された情報が正しいか否かの手がかりとしています。

ノンバーバルコミュニケーションの研究者，Birdwhistell（1970）は二者間のコミュニケーションについて，言葉による対話で伝えられる内容は全体の35パーセントにしかすぎず，残りの65パーセントは言葉以外のコミュニケーションによるものであると分析しています。またアメリカの心理学者 Mehrabian & Ferris（1967）の研究では，お互いが会話をする場面で視覚から受ける情報が全体の55パーセントを占めることを明らかにしています。つまり面接試験の際，面接官は応募者のやる気と熱意を判断するために，言葉で表現されたこと以外の行動を重視する傾向があることが示唆されています。

面接試験ではメイクや髪型，服装，表情，しぐさなどの視覚によるノンバーバルコミュニケーションの影響は大きく，その中でも顔という個人の情報が発信されている箇所に関係するメイク，髪型，表情，しぐさなどは特に重要です。視覚的なノンバーバルコミュニケーションは「あなた」を「相手」に伝える，言語以外の重要なコミュニケーションツールとなるわけです。

上記の例のように髪はボサボサでメイクもせずに顔色が悪いまま面接試験に行く方はいないと思いますがここで注意しないといけないのが，メイクや髪形などのノンバーバルコミュニケーションは伝

えたい側と受け取る側との価値観が同一でない場合，いくら良いと思って発信したことでも相手側にとって良いイメージで受け取られているとは限らないということです。自分では完璧なフルメイクのつもりでも面接官にとっては派手な印象と捉えられたり，逆にナチュラルメイクのつもりが不健康で暗いと捉えられたりということもあります。

コミュニケーションは一方通行では成り立ちません。伝えたい側と受け取る側，両者の価値観が一致することが重要です。特に面接試験の場合，自分が良いと思って表出した外見印象が相手にとっても好ましいものでなければなりません。

6　色が伝える外見印象

外見印象には色も大きく関係を及ぼします。色は人の感情に影響を与えるほか，生理的，文化的などさまざまな影響を与えます。

色と感情の関係を示した表2-1では，それぞれの色により個別の印象を与えることがわかります。身近なところでいえばメイクに使用する色でも人に与える印象は変わります。たとえばオレンジ系のチークは元気な印象を，ピンク系のチークはかわいい印象を与えます。多くの人が「夏のメイク」というと涼しそうなブルーなど寒色のアイシャドゥを使用したメイクを想像するでしょう。夏に寒色のアイシャドゥを選びたくなるのは，そこから受ける印象が涼しそうに感じるからです。また生理的にもブルーなどの寒色は体温を下げる働きがあるといわれています。真っ赤な口紅を塗っている人に初めて会ったとき，あなたはその人のことを情熱的な人と感じるか

第2章 外見印象の重要性

表2-1 色と感情の関係

属性種別		感情の性質	色の列	感情の性質
色相	暖色	暖かい 積極的 活動的	赤	激情・怒り・歓喜・活力的・興奮
			黄赤	喜び・はしゃぎ・活発さ・元気
			黄	快活・明朗・愉快・活動的・元気
	中性色	中庸 平静 平凡	緑	安らぎ・寛ぎ・平静・若々しさ
			紫	厳粛・優えん・神秘・不安・やさしさ
	寒色	冷たい 消極的 沈静的	青緑	安息・涼しさ・憂鬱
			青	落ち着き・淋しさ・悲哀・深遠・沈静
			青紫	神秘・崇高・孤独
明度	明	陽気 明朗	白	清純・清々しさ
	中	落着き	灰	落ち着き・抑鬱
	暗	陰気 重厚	黒	陰鬱・不安・厳めしい
彩度	高	新鮮 溌らつ	朱	熱烈・激しさ・情熱
	中	寛ぎ 温和	ピンク	愛らしさ・やさしさ
	低	渋み 落着き	茶	落着き

(日本色彩学会編『新編　色彩科学ハンドブック』から引用)

もしれません。また，真っ黒な口紅を塗っている人（そんな人はめったにいませんが）をみかければビジュアル系バンドのファンなのかと想像します。前者は色による感情的な影響ですが後者は文化的な影響です。色はその使い方であなた自身のことを他者に伝達しています。逆に言うと人は他者の色使いをその人を判断する材料のひとつとしているのです。

メイクは色，形，質感のコラボレーションによって印象が創り出されます。メイクにとって色が重要であることは言うまでもありま

せん。好印象を得るための就活メイクでは色使いも大切な要素のひとつとなります。

7　運命を変えた見ため力

外見印象については，アメリカ史上最年少で大統領となったケネディと現職副大統領であったニクソンとの大統領選での有名なエピソードがあります。

今でこそ当たり前となった選挙戦でのテレビ討論ですが，1960年のアメリカ大統領選でのケネディ対ニクソンの選挙戦がその始まりでした。この選挙では初めてテレビでディベートが行われ，これが選挙の結果を大きく左右することになります。ケネディとニクソン両者のディベート能力はほとんど差がなく，両陣営とも彼らのディベート能力の高さに自信をもっていました。

最初のテレビ討論では1時間のセッションが4回設定されていましたが，いずれの回も新人のケネディが好智に長けたニクソンを圧倒していました。このテレビ討論での選挙はイメージ戦略の先駆けであったと言われています。

健康的な日焼け肌をイメージして小麦色にメイクされた肌，ライティングを考慮した濃紺のスーツというケネディに対して，「議論の内容が重要」というニクソンはメイクを大急ぎで仕上げたため，テレビに映った顔にはクマが際立っていました。またライティングにも気を配らなかったため顔色が悪く疲れた印象がテレビで映し出されたうえ，ライトグレーのスーツが背景の色とかぶってしまいました。人々にポジティブな印象を与えたケネディに対してニクソン

はネガティブな印象を与えてしまい，選挙結果はケネディが圧勝しました。このエピソードからも人に与える外見印象がいかに重要であるかがわかります。

Beauty Column I
メイクがもたらす気持ちの変化

　みなさんは朝起きてメイクをすると気持ちがシャキッとして元気になり，やる気が出てきた経験はありませんか。またどこかに出かけたくなったり誰かと会いたくなった経験はありませんか。逆にメイクのノリが悪いときは気持ちが暗くなって外出を控えたい気分になります。メイクをした経験がある方なら，多少なりともこのような思いをしたことがあるのではないでしょうか。メイクとは単に化粧品を顔に塗るという作業のように思いがちですが，実は人の心理面に大きく作用しているのです。

　顔色が悪いときファンデーションやチークカラーで顔色を明るくすると気持ちまで明るくなってきます。さまざまな化粧品を使用するとなりたい自分を演出することもできます。メイクは外見を美しくするのはもちろんのこと，内面からも私たちの心を支えてくれます。

　以前からメイクが人を元気にする力があることを実感していた私は，美容の技術で何か人の役に立てることはないかという思いからメイクのボランティア活動を始めました。今から10年以上も前のことです。母子生活支援施設など自然と活動の場が広がっていき，現在でもさまざまな方々にメイクをさせていただいています。

　私がメイクボランティアを行っていた母子生活支援施設は「お母さんがメイクで元気になって子供たちに笑顔を」というコンセプトで始めたものでした。お母さんの笑顔は子供たちにとってかけがえのないものです。

　普段は引きこもって誰ともコミュニケーションをもつことがなかったAさんというお母さんが，初めてメイクレッスンに参加されたことがありました。そのとき職員の方が「今回メイクレッスンがあるとAさんに伝えたら，自分から参加したいとおっしゃられたんですよ。これまでいろいろな講座がありましたがAさんは一度も参加したことがなく，こんなことは初めてです」と驚いたようにお話しされていたことが今でも忘れられません。このとき私はあらためてメイクの力を実感するとともに，メイクが人や社会とのつながりのきっかけになると確信しました。

第 3 章

就活メイクの理論と方法

1　顔の印象——赤ちゃんはなぜかわいいか

　私たちは赤ちゃんを見ると「かわいい」と感じます。人間の赤ちゃんを見てかわいいと感じるのと同時に，犬や猫など動物の赤ちゃんを見てもかわいいと感じます。なぜ赤ちゃんはかわいいのでしょうか。

　図3-1はローレンツによるベビー図式と呼ばれるものです。動物行動学者のコンラート・ローレンツは，幼体にみられる全体の丸み，小さな鼻，ふっくらした頬といった顔の特徴をベビー図式と呼び，動物に共通してみられる特徴であるとしました。

　動物行動学によると，動物は個の生存や種の保存のために特定の行動をするよう遺伝的に継承されています。私たちの本能には，ベビー図式にあるような外見的な特徴をもった幼体をいち早く見つけて保護するように組み込まれています。逆に言うと幼体はかわいらしい外見特徴をもつことで，養育者の保護したいという本能を引き出しているのです。動物にとって種を保存し子孫を繁栄させていくためには，子供を養育し世話をすることは必要不可欠です。私たちが赤ちゃんの顔を見ると，無条件にかわいいと感じるのはこのメカニズムのためであると言われています。

　それでは私たちがかわいいと感じる顔は具体的にはどのような特徴があるのでしょうか。顔は長くなると成人性を示し，短くなると幼児性を示します。図3-2のように成体の顔は長く，目の位置が顔の2分の1より高い位置にあります。鼻も長くなり口幅は鼻幅より広くなります。これに対してかわいらしく感じる幼体の顔は縦と

第3章　就活メイクの理論と方法

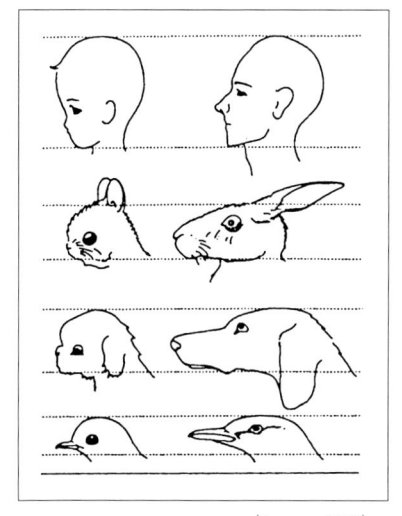

図3-1　成体と幼体の特徴（ローレンツによる）

(Lorenz 1943)

図3-2　幼体・成体の顔の特徴

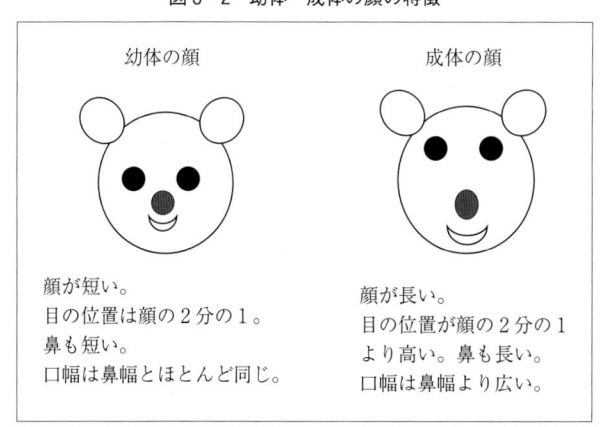

幼体の顔

成体の顔

顔が短い。
目の位置は顔の2分の1。
鼻も短い。
口幅は鼻幅とほとんど同じ。

顔が長い。
目の位置は顔の2分の1より高い。鼻も長い。
口幅は鼻幅より広い。

横の長さがほぼ同じで,目の位置が顔の約2分の1の位置にあります。鼻は短く口幅は鼻幅とほとんど同じ大きさです。

2 メイクへの応用

　赤ちゃんの顔のようにかわいらしく感じたり,逆に大人っぽく感じたりする顔の特徴はメイクに応用することができます。前述しましたが顔は長くなると成人性を示し,短くなると幼児性を示します。また顔のパーツが長くなったり大きくなると成人性を示し,短くなったり小さくなると幼児性を示します。つまりメイクで顔の長さの印象や顔の各パーツの印象を変えることで,落ち着いた大人っぽい印象や若々しくかわいらしい印象など,さまざまな印象を表現することができます。この理論を使えばメイクで自分がなりたいと思う印象に導くことが可能なので,たとえば大人っぽい顔立ちで少しきつく見える印象をソフトでやさしい印象に変化させたり,幼い顔立ちで頼りなく見える印象をしっかりとした知的な印象に変化させることもできます。

　就活メイクは面接試験で好印象を得るメイクをすることが目的です。企業が求める人物像が外見から伝わるようなメイクをすることが重要です。ただやみくもに普段のメイクを薄くしたり地味にしても外見印象はよくなりません。

　外見印象を上げるための就活メイクを行うには,①自分の顔を分析する,②どのような印象になりたいのかメイクプランを立てる,③メイク技術で表現する,という3つの行程で行います。

　まず自分の顔を分析し,自分の顔立ちがどのような個性なのかを

把握することから始めます。次に希望する印象に導くために、メイクでどこをどうすればよいのかプランを立てます。そしてプランに沿ってメイクをしていきます。

3　自分の顔を分析する

メイクを始める前に自分の顔の個性を分析します。個性は自分の魅力であり長所であるのですが、時にはその長所が短所になる場合もあります。面接試験ではそれが顕著に表れる場所でもあります。

たとえば、かわいらしい顔立ちは愛嬌があり親しみやすいという長所があります。しかし面接試験では幼く見え信頼性がないと判断されてしまう場合があります。またクールな顔立ちは細やかで清楚という長所がありますが、逆におとなしそうで意志が弱そうだと判断される場合もあります。せっかくの長所もうまくいかせていないと短所になってしまうことがあるので注意が必要です。このような残念な結果に終わらないために、自分の魅力を知って長所を引き出し、短所を補うようにメイクをすることが重要です。

個性は顔の長さやパーツの形などで印象づけられます。これらを分析することで自分の魅力を知ることができます。自分の個性を分析する手順は以下の通りです。

素顔の状態で、(1) から順に分析していきます。
(1) 顔の長さと顔の骨格を分析します。
①まず顔の長さを分析します（図3-3参照）。

正面から鏡で顔を見て、顔の横幅を1とした場合、額の生え際

図3-3　顔の長さのバランス

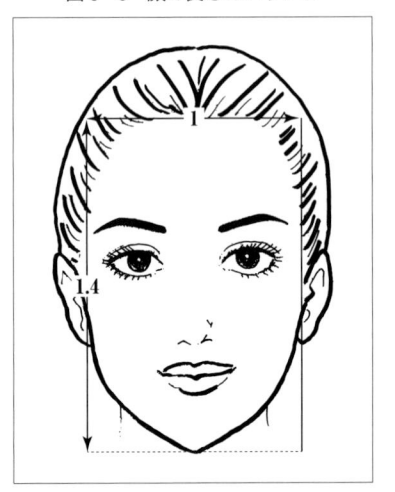

顔の横幅を1とした場合，長い顔，短い顔は1.4を基準として判断します。

顔の長さが1.4より短ければ「短い顔」，ちょうど1.4であれば「標準」，1.4より長ければ「長い顔」になります。

図3-4　いろいろな顔型

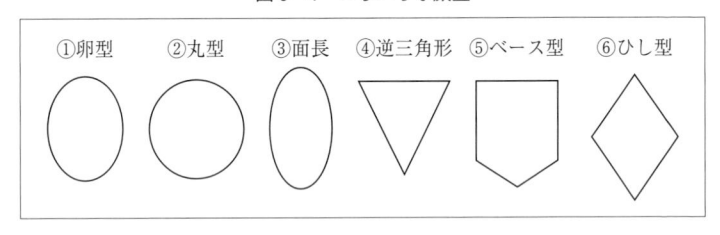

①卵型　②丸型　③面長　④逆三角形　⑤ベース型　⑥ひし型

からあご先までの長さが1.4となれば標準の顔の長さです。

　1.4を基準にして，長い顔，短い顔を判断します。

②次に顔の輪郭を分析します（図3-4参照）。

　顔の輪郭が図3-4の顔型のうちどれに近いか分析します。曲

第3章　就活メイクの理論と方法

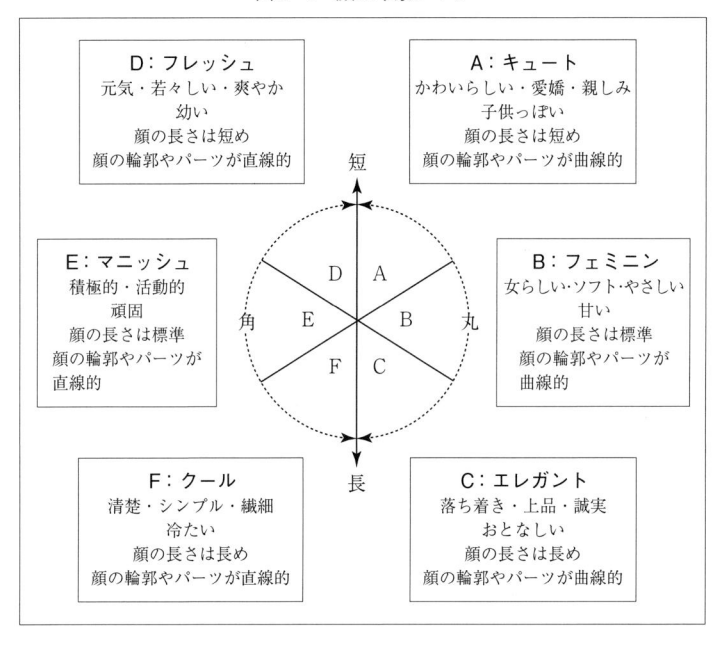

図3-5　顔の印象タイプ

```
┌─────────────────────────────────────────────────────────────┐
│  D：フレッシュ                        A：キュート              │
│  元気・若々しい・爽やか               かわいらしい・愛嬌・親しみ  │
│  幼い                                 子供っぽい               │
│  顔の長さは短め                       顔の長さは短め            │
│  顔の輪郭やパーツが直線的             顔の輪郭やパーツが曲線的   │
│                           短                                  │
│                                                               │
│  E：マニッシュ           D │ A         B：フェミニン          │
│  積極的・活動的         ─────           女らしい・ソフト・やさしい│
│  頑固              角    E │ B    丸   甘い                   │
│  顔の長さは標準         ─────           顔の長さは標準          │
│  顔の輪郭やパーツが      F │ C          顔の輪郭やパーツが     │
│  直線的                                 曲線的                │
│                           長                                  │
│                                                               │
│  F：クール                            C：エレガント           │
│  清楚・シンプル・繊細                 落ち着き・上品・誠実      │
│  冷たい                               おとなしい               │
│  顔の長さは長め                       顔の長さは長め           │
│  顔の輪郭やパーツが直線的             顔の輪郭やパーツが曲線的  │
└─────────────────────────────────────────────────────────────┘
```

線的な卵型，丸型，面長は丸タイプ，直線的な逆三角形，ベース型，ひし型は角タイプです。

（2）パーツの形を分析します。

　眉，目，鼻，口の形が直線的か曲線的かを分析します。

　各パーツが曲線的な形が多ければ丸タイプ，直線的な形が多ければ角タイプです。

図3-5は顔の長さと骨格の形によって顔の印象を捉えたものです。縦軸は顔の長さを表します。A，Dに近づくほど顔の長さは短く，C，Fに近づくほど顔の長さは長くなります。

AからCまでは曲線的な顔立ちを意味しています。逆にDからFまでは直線的な顔立ちを意味しています。

　顔の分析結果によって自分の顔がAからFまでのどの印象に近いかを考察し自分の印象を客観視します。

4　メイクプランを立てる──どのような印象になりたいか

　メイクは個人のアイデンティティを表現するアイテムとして大変重要です。かつてメイクは朝起きて顔を洗ったり，歯を磨いたり，髪をとかしたりという毎日当たり前のように行う身支度の一部としての役割がありましたが，現代では自分らしさを表出する手段として，また他者との関係のなかで自分を表出する手段としての役割が大きくなっています。

　今は外見をどう表現するかは自分で決める時代です。こうしなさいとはだれも言ってくれません。メイクは外見に深く関わる手段であるため，自分の置かれている立場や場所によって選択を誤らないようにしなければなりません。

　就活メイクは普段のメイクとは違う社会人としてのビジネスメイクの入り口です。流行を取り入れたメイクや，つけまつ毛などで顔のパーツを強調したメイクも，また素顔もビジネスシーンにはふさわしくありません。社会人になればあなたは企業の顔となります。自分が希望する企業の一員としてふさわしいメイク，他者との関係のなかで相手を気遣ったメイクをする必要があります。

　ビジネスシーンという他者との関係のなかでどのような自分をメイクで表現するか戦略的に考え，就職希望先にとって必要な人材で

あると思われるようなメイクを行うことが重要です。

5　印象の良い顔とは

　印象の良い顔には法則があります。

　顔は眉や目，口などパーツのバランスがどのような配置であるかで印象が大きく変化します。人々にとって魅力を感じる顔とは各パーツの特徴が平均化された顔であると言われています。

　それでは好感度の高い顔になるようにメイクをするにはどこをどうすればよいのでしょうか。理想的な配置にするために必要なバランスのことをゴールデンプロポーションといいます。古代ギリシャ時代に発見された，人々にとって最も美しいと感じるバランスを黄金比と言いますが，顔における黄金比をゴールデンプロポーションと称しわかりやすく示したものです。

　以下にゴールデンプロポーションについて説明をしています。ゴールデンプロポーションは理想的な配置ですのでこのままピッタリと当てはまる人はそうそう見られません。自分の顔の印象を理想のバランスに近づけるようメイクをすることで好感度の高い顔に導くことができます。

■ゴールデンプロポーション

　各パーツの基準のバランスは以下の通りになります（図3-6）。
・正面から顔を見て頭の横幅を1とした場合，額の生え際からあごの先までの長さは1.4が基準となります。
・顔を正面から見た場合の顔の縦の長さは額の生え際からあごの先

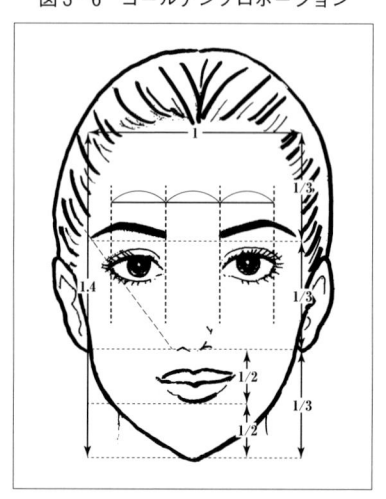

図3-6 ゴールデンプロポーション

までを1とした場合,生え際から眉頭までの長さ,眉頭から鼻先までの長さ,鼻先からあごの先までの長さはそれぞれ3分の1が基準となります。

- 正面から顔を見た場合の下唇の位置は鼻先とあごの先の2分の1が基準となります。
- 眉は目頭の上から始まり小鼻と目尻の延長線上が眉尻の位置になります。
- 目と目の間隔はもう一つ目の幅分が入る間隔が基準となります。
- 顔型は卵型が基準となります。

第3章　就活メイクの理論と方法

6　メイク技術で表現する

　メイクは顔形や眉，目，鼻，口といった各パーツの形，化粧品の色，質感が人に視覚的・心理的に作用する錯視を利用して表現します。

　錯視とはある対象がそのものの本来ではない異なった様相に見えることで，いわゆる目の錯覚のことです。錯視には線の長さや方向によって実際と異なって見える幾何学錯視や，ある対象が周囲の対象の影響を受けて実際と異なって見える対比，色の感情効果によりある対象の見え方が実際と異なる場合などがあります。

　たとえばみなさんも「ボーダーの洋服はストライプの洋服より太って見える」とか，「黒い洋服は細く見えるが白や黄色の洋服は太って見える」などの話はよく聞かれると思います。実際に同じ縞柄の洋服でも縦縞のストライプより横縞のボーダーのほうが太って見えますし，白や黄色の洋服は黒い洋服より太って見えます。当たり前ですがこれは着ている人が実際に痩せたり太ったりしているわけではないので，私たちの目の錯覚によるものです。またツバの広い帽子や大きい襟の洋服を着たときには顔が小さく見えます。これも実際には大きさが変化しているわけではなく目の錯覚によるものです。前者は幾何学錯視や色の感情効果が，後者は対比と呼ばれる錯視が関係しています。

　このような現象はメイクでも同様に起こります。同一人物の顔でも錯視の効果で違う印象に見せることができます。以下は代表的な錯視を応用したメイク表現です。

図 3-7 メイクに使用される代表的な錯視

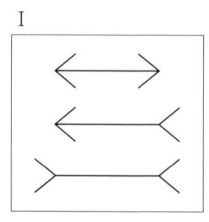

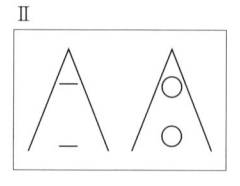

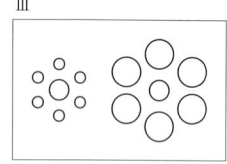

Ⅰ．ミュラー・リヤー錯視（Muller-Lyer illusion）
同じ長さの線に内向きの矢印と外向きの矢印をつけた場合，外向きの矢印の中心の線が一番長く見えます。
Ⅱ．ポンゾ錯視（Ponzo illusion）
同じ長さの2つの線や円を山型の中に入れると，山の頂点に近い方が遠い方より大きく（長く）見えます。
Ⅲ．エビングハウス錯視（Ebbinghaus illusion）
ティチェナー錯視（Titchener illusion）とも呼ばれます。同じ大きさの2つの円が，複数の大きな円に囲まれると小さく見え，複数の小さな円に囲まれると大きく見えます。

1　形による表現

メイクの表現要素の形には幾何学錯視や対比という視覚的な現象が大きく関係しています。メイクは眉の形ひとつで顔全体の印象が驚くほど変わりますし，アイシャドゥやアイラインの形で目元の印象はガラッと変わります。これらに応用されている代表的な錯視には図3-7に図示しているミュラー・リヤーのサイズによる錯視や，ポンゾ，エビングハウスなどの対比による錯視があります。

■サイズの錯視を応用したアイメイク

ミュラー・リヤー錯視はアイメイクに応用できます。この錯視を利用してアイシャドゥやアイラインの形を変えると目の大きさが変

化して見えるため顔の印象も変わります。

　図3-8はアイシャドゥの形を変えることでの印象変化を図にしたものです。①は縦方向にアイシャドゥを強調したグラデーションの場合，②は横方向にアイシャドゥを強調したグラデーションの場合です。グラデーションとは色の明暗の連続的変化のことで，目のフレームラインに濃い色を入れ，徐々に境目をぼかしながら薄くしていくメイク法です。

図3-8　サイズの錯視を応用したアイシャドゥ

①は目を丸く見せます。②は目を切れ長に見せます。

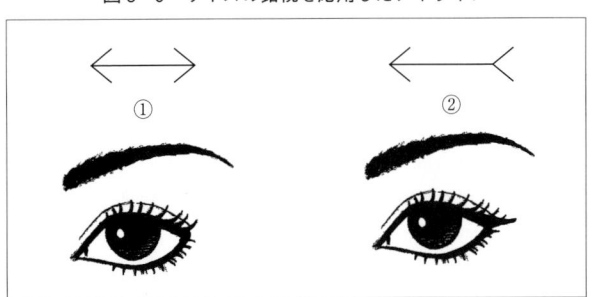

図3-9　サイズの錯視を応用したアイライン

①は目を丸く見せます。②は目を切れ長に見せます。

縦方向にグラデーションにしたアイシャドゥは目を丸く見せます。かわいらしく親しみやすい印象にしたいときはこの形にします。横方向にグラデーションにしたアイシャドゥは目を切れ長に見せます。シャープで大人っぽい印象にしたいときはこの形にします。このようなグラデーションをそれぞれ縦グラデーション，横グラデーションと呼びます。

　ミュラー・リヤー錯視をアイラインに応用すると，目の長さが変化して見えます。図3-9の①は目のフレームラインをアイラインで囲んだ図です。囲みアイラインは目の丸さが強調されます。目の丸さが強調されると，顔はかわいらしく親しみやすい印象になります。②は目のフレームラインに沿ってアイラインを長めに引いた図です。①に比べて②は目の横幅を長く見せます。目が切れ長に見えると，顔はシャープで大人っぽい印象になります。

　アイシャドゥとアイラインは単独でもそれぞれの形に応じた印象を人に与えますが，双方を同時に使用することでより目元の印象が強化されます。

■サイズの錯視を応用した眉メイク

　眉は毛でできているので，顔のパーツの中で唯一形を実際に変えることができる箇所です。

　図3-10は眉の角度と顔の長さの関係を図示したものです。ミュラー・リヤー錯視を応用して眉の角度を変えて描くと，こんなにも顔の印象が変化して見えます。

　①の下降眉は顔を短く見せ，頬をふっくらと見せています。②の水平眉は①に比べると顔を長く見せています。③の上昇眉は最も顔

第3章　就活メイクの理論と方法

図3-10　サイズの錯視を応用した眉の違い

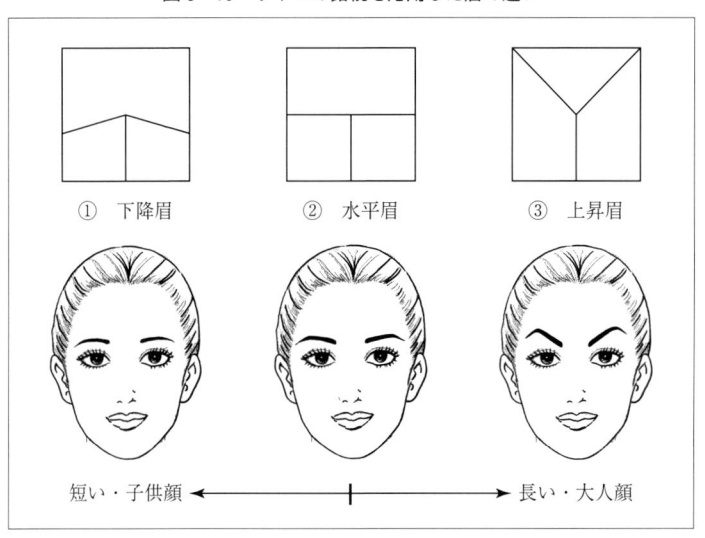

① 下降眉　　　② 水平眉　　　③ 上昇眉

短い・子供顔 ◀──────────▶ 長い・大人顔

図3-11　サイズの錯視を利用したチーク

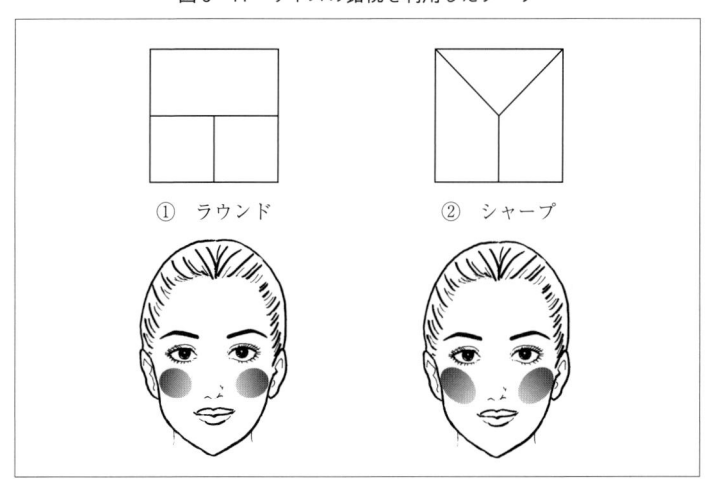

① ラウンド　　　② シャープ

を長く見せ，頬をすっきりと見せます。

■サイズの錯視を応用したチーク

　ミュラー・リヤー錯視はチークにも応用できます。入れる角度を変えると顔の長さや骨格の印象が変化して見えます。さらに入れる形も違えることでより印象が強化されます。

　図3-11はチークの形による顔の印象変化を図示したものです。ラウンドした形にすれば①のように顔が短く見え，フェイスラインはふっくらとして若々しい印象になります。シャープな形にすれば②のように顔が長く見え，フェイスラインはすっきりとして大人っぽい落ち着いた印象になります。

■対比の錯視を応用したメイク

　対比と呼ばれる代表的な錯視には，ポンゾ錯視やエビングハウス錯視などがあります。人はある対象の大きさや広さを周囲の対象に影響されて本来とは違う判断をする場合があります。そのような現象を引き起こす錯視を対比と呼んでいます。

　図3-12はポンゾ錯視を眉に応用し目の大きさの印象を変化させたものです。①は眉を長めに描いた図で，②は眉を短めに描いた図です。両者を比べてみると，①の長めに描いた眉は目を小さく見せ，②の短めに描いた眉は目を大きく見せています。

　さらに，眉の長さはフェイスラインの印象にも影響を及ぼします。顔全体と眉の長さの対比で，眉が長いと頬の横幅が狭く見えるためフェイスラインはシャープな印象に，眉が短いと頬の横幅が広めに見えるためフェイスラインはふっくらした印象になります。この影

第3章　就活メイクの理論と方法

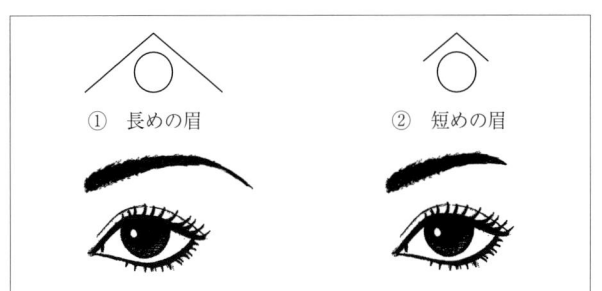

図3-12　対比の錯視を応用した眉と目の大きさの関係

① 長めの眉　　　　　② 短めの眉

響で全体的な顔の印象では，眉が長いと大人っぽい印象に，眉が短いと若々しい印象になります。

　上記の眉の長さと目の大きさの関係や顔全体と眉の長さの関係も，周囲がお互いに影響しあって目の錯覚を起こしている例ですが，これ以外にもある人が鼻が大きいことを悩んでいるとします。この場合も周囲のパーツである口が小さいことで鼻が大きく見えている場合が考えられます。もし口が小さいことで鼻を大きく見せているとしたら，口を大きく見せるメイクを施すことでこの人の悩みは解消する場合があります。

　このように顔のパーツとパーツのバランスや，顔全体とパーツのバランスはお互いに影響しあい印象形成に大きく関係します。

２　色による表現

　私たちは日常，多くの色に囲まれて生活しています。光があるところでは，いろいろなものの色を見ることができます。しかし光のないところでは何も見えません。また光があっても目を閉じると何も見ることはできません。当然ですが，見る物体がないと色は存在

しません。私たちが色を感じるには光源，視覚，物体の3要素が必要となります。

ニュートンはプリズムという分光器に太陽光をあて，赤，橙，黄，緑，青，藍，紫の7色が含まれることを発見しました。昼間の雨上がりの空にきれいな虹を見ることがあります。虹は空気中の水滴に太陽光が屈折，反射し，水滴がプリズムのような役割をして光の帯が見えているものです。

みなさんは絵を描くときに，絵具を混ぜて自分のイメージの色を作ったことがあるかと思います。たとえば青と黄を混ぜると緑になりますし，赤と黄を混ぜるとオレンジ色になります。このように2色以上の色を混ぜてさまざまな色をつくることを混色といいます。

混色には減法混色と呼ばれるものと加法混色と呼ばれるものがあります。減法混色は絵具のような色素を混ぜ合わせた場合をいいますが，この混色は元の色より暗くなります。加法混色はスポットライトのような光を重ね合わせた混色で，元の色より明るくなります。化粧品の色素を混ぜ合わせるメイクはどちらかというと減法混色に近いため，必要以上に色を混ぜるとくすみが生じます。きれいに色を発色させるためには必要な色を必要に応じて使用することが重要です。

• 色の分類

色は有彩色と無彩色に分類することができます。有彩色とはカラー写真のように色味がある色のことです。一方無彩色とはモノクロ写真のように色味がないことです。黒，灰色，白が無彩色です。

• 色の三属性

たとえば赤という色を説明するときに，ある人は明るい赤と言い，

他の人は鮮やかな赤と言ったとします。明るい赤や鮮やかな赤とはいったいどのような赤なのか,他の人とも共有できる共通の認識が必要です。その基準のひとつとして①色相,②明度,③彩度という3つの属性があります。

　①色相とは赤,黄,青などの色味の違いのことです。

　②明度とは色の明るさの度合いのことです。

　③彩度とは色味の強さや鮮やかさの度合いのことです。

・暖色・寒色・中性色

　太陽の光をプリズムに通して見た光の帯を輪につなげ,隣同士のあいだの色を等間隔で配置したものを色相環と言います。色相環の中で暖かく感じる色のグループを暖色,冷たく感じる色のグループを寒色と言い,暖かさも冷たさも感じない色を中性色と言います。

・光源の種類

　光には太陽光のほか蛍光灯や白熱灯などがあります。自然光である太陽光は物体の色を最も自然に表すことができる色です。人工の光である蛍光灯はやや青みがかった色,白熱灯はやや赤みがかった色です。白熱灯は物体そのものの色を表現しにくい光です。光によって肌の色も変化して見えるので,できるだけ自然光に近いところでメイクをすることをおすすめします。

■メイクに使用する色

　化粧品の色にはベースメイクに使用する色と,ポイントメイクに使用する色があります。色によるメイク表現にも錯視が大いに関係します。色には大きさや遠近感などが異なって見える錯視のほか,色と色とが互いに影響しあい特定の現象を引き起こす色の対比効果

表3-1 色の錯視

膨張色・収縮色： 一般に赤や黄色，白などは大きく膨らんで見えるため膨張色と呼ばれます。逆に青や黒などは小さく縮んで見えるため収縮色と呼ばれます。 右の図では白の円が最も大きく膨張して見えています。次に大きく見えるのは黒い円です。立体感をつけた円は最も小さく見えます。	①
進出色・後退色： 進出色は赤系の色や明度が高い色，後退色は青系の色や明度が低い色で，2つの色が等しい距離にあった場合，進出色は後退色より前に位置して見えます。進出色は膨張色に対応し，後退色は収縮色に対応しています。	②

図3-13 ベースメイクと色の関係

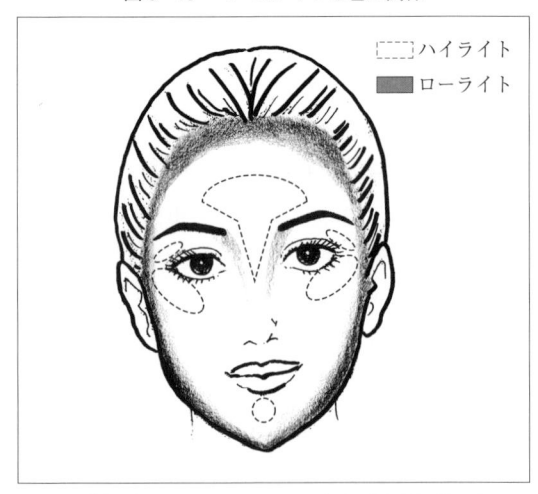

広く（高く）見せたいところや狭く（低く）見せたいところにハイライトとローライトを入れ顔に立体感をもたせると小顔に見せることができます。

第3章　就活メイクの理論と方法

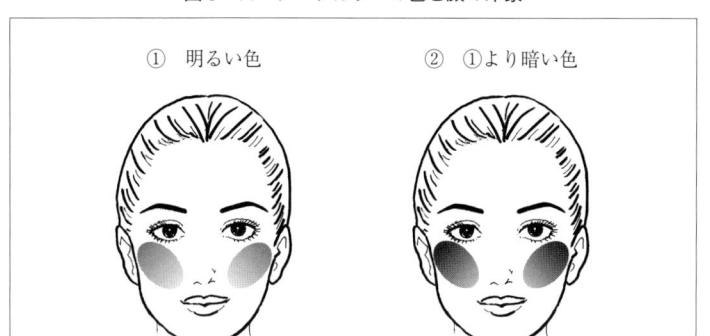

図3-14　チークカラーの色と顔の印象

① 明るい色　　　② ①より暗い色

同じ形で入れたチークでも，明るさの違う色を使用すれば印象も変わります。①の明るい色を使用すれば，フェイスラインはふっくらとして②よりソフトな印象になります。②のように濃い色を使用すれば，より大人っぽく落ち着いた印象になります。

と呼ばれる錯視があります。

　たとえば白い壁や家具を配した部屋は広く感じ，黒い壁や家具を配した部屋は狭く感じます。これは明るい色は膨張して見え，暗い色は収縮して見える色の錯視によるものです。表3-1の①でも膨張色の白い円が一番大きく見えています。

　さらに表3-1の①では右の立体感のある円が黒の円より小さく見えています。このような色の特性をローライトやハイライトという形でベースメイクに利用すると，平面的な顔に立体感を出すことができ，広いところを狭く見せて小顔に見せることができます（図3-13）。

　図3-14はチークの応用例です。膨張色や進出色の明るい色をチークに使用すれば，フェイスラインはふっくら見え若々しい印象

図 3-15　アイシャドゥと色の関係

① 膨張色・進出色　　　　② 収縮色・後退色

①の膨張色・進出色の場合は眉と目の間が広くまぶたがふっくら見えます。
②の収縮色・後退色の場合は眉と目の間隔が狭くまぶたがくぼんで見えます。

表 3-2　色の感情効果

重 量 感	明 る い 色 暗 い 色	軽　　い 重　　い
派手・地味	高彩度の色 低彩度の色	派　　手 地　　味
柔らかさ・硬さ	明 る い 色 暗 い 色	柔らかい 硬　　い
温　　度	赤 系 の 色 緑・紫系の色 青 系 の 色	暖　色（暖かい） 中性色（温度を感じない） 寒　色（寒い）

になります。逆に濃い色を使用すればシャープで大人っぽい印象になります。

またこのような錯視を，図 3-15 のようにアイシャドゥに応用すると目の印象が大きく変わります。明るい色のアイシャドゥを使用した場合まぶたはふっくらと見えます。逆に黒や濃い茶系のアイシャドゥを使用すると彫りの深い目元を演出できます。

そのほか色には大きさや形を変化させて見せるだけではなく，重さや温度を感じるなど心理的な要素とも結びついています。表3-2は色の感情効果を表示したものです。ある物質の重量感や柔らかさ・硬さは色の明るさに関係しています。派手に感じたり地味に感じたりする色は彩度が関係しています。また温度を感じるのは色の種類に関連しています。暖かく感じる色を暖色，寒く感じる色を寒色，暖かくも寒くも感じない色を中性色と呼びます。

③ 質感による表現

質感もメイクの表現に大切な要素です。メイクの形や色で表現できない，さまざまなイメージを表現するのに欠かせないのが質感です。皮膚の表面は立体的であるため質感の影響は大きくなります。

質感の種類にはマット，パール，グリッター，グロッシー，メタリックなどがあり，透明度や輝きの度合い，重量感によって印象が変化します。質感を表す主な用語と特徴は表3-3に示しています。

メイクの質感といってもピンとこないかもしれませんが，洋服でたとえると，まったく同じデザインの黒のジャケットでも素材がシルクなのか，コットンなのか，ウールなのか，レザーなのかで印象がガラッと変わります。シルクのジャケットからは華やかな上品さが感じられますし，コットンやウールのジャケットからはナチュラルな印象や柔らかさが感じられます。レザーのジャケットはクールでかっこいい印象です。

これと同様に形や色を同じにしたメイクでも，質感を変えるだけでまったく違う印象になります。マットな質感からは大人っぽい，女らしい，上品などの印象を受けます。パールの質感からは若々し

表3-3 質感の種類と特徴

質感を表す用語	特　徴
マット	光沢感がなくツヤを消した質感
パール	真珠のような光沢感がある質感
グリッター	細かいラメの輝きがある質感
グロッシー	反射する光沢がある質感
メタリック	金属面のような光沢がある質感

い，元気，フレッシュなどの印象を受けます。グリッターやグロッシーという質感からは活発な印象を受け，メタリックな質感からはクールな印象を受けます。

　メイクではファンデーションやフェイスパウダー，アイシャドゥや口紅，リップグロスなど化粧品の質感を自分のなりたい印象に合わせて使い分けます。就活メイクでは健康的な印象は必須の要素です。顔のツヤの良さや血色の良さは他者に対して健康的な良い印象を与えるため，ベースメイクの質感は特に重要です。クマやくすみを隠したいがために，ファンデーションを厚く塗ると肌の透明感が失われ，かえって不健康な印象になってしまいます。質感の印象にはそれぞれの化粧品がもつテクスチャーの特徴と，厚い・薄いという量的な要素も大きく関係します。

7　メイクでの印象変化の例

　頼りない印象やきつい印象，暗い印象，さみしそうな印象を面接官に与えてしまうと第一印象で損をしてしまいます。自分の印象で気にしているところやなりたい印象を以下に記入してみましょう。

　次項のケース1からケース4は悩みに対してメイクで印象変化を

第3章　就活メイクの理論と方法

行った例です。それぞれの印象がメイクでどのように変化するか具体的に見ていきましょう。

自分の印象で気にしているところはありますか？

本当は明るい性格なのに暗そうに見えるから面接試験で自信がないな…。

自分はどのような印象になりたいですか？

ヘアメイクを変えて明るい印象になったから自信をもって面接に挑めそう！

■ケース1　Aさん　22歳　大学生

> Aさんは常に年齢より若く見え，人に幼い印象を与えることから，面接試験に不利ではないかと心配していました。普段はまったくメイクをしないAさんですが，メイクをしないことでより子供っぽく頼りない印象に見えていました。Aさんのかわいらしく愛嬌のある印象は長所でもあるのですが，面接試験のことを考えると誠実で信頼感のある印象が必要であると考えメイクプランを立てました。
> 　　　　　　　　　　　※事例をモデルで再現しています。

かわいらしい印象は長所ですが，面接試験では子供っぽく頼りない印象に映ることもあり注意が必要です。

第3章　就活メイクの理論と方法

　ストレート眉に仕上げることで誠実で信頼感のある印象になっています。チークは口角に向かってシャープに入れて大人っぽい印象に導いています。

■ケース2　Bさん　19歳　短期大学生

> Bさんは思いやりのあるやさしい女性です。しかし時折友達から，「今日機嫌悪い？」「怒ってるの？」と言われることがあります。自分では普通にしているつもりなのに人にきつい印象を与えているのではないかと気にしていました。人に対する印象が本来の自分と違うことに困惑していたBさんは，自分の良いところがしっかりと相手に伝わるようなメイクがしたいと考え，親しみやすい印象が得られるメイクプランを立てました。　　　　　※事例をモデルで再現しています。

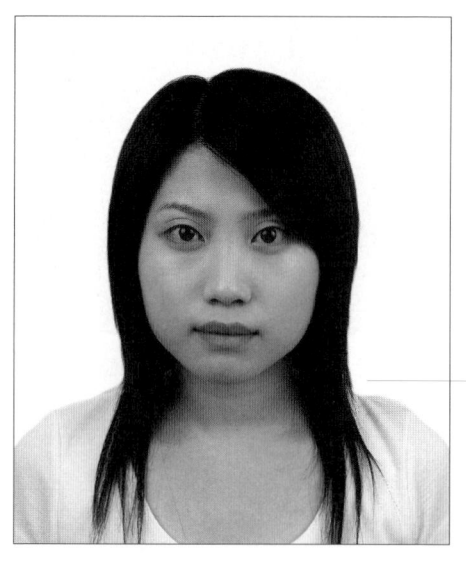

顔色が悪いと暗く不機嫌な印象になります。眉山が高すぎる眉もきつい印象を与えます。

第 3 章　就活メイクの理論と方法

　明るめのチークで透明感を出し顔色の悪さをカバーしています。また低めの眉山と丸めのラウンドに入れたチークで親しみやすい印象に導いています。明るいリップの色を使用することで健康的な印象になっています。

■ケース3　Cさん　21歳　大学生

　Cさんは「自分は黙っていると暗そうに見える」という外見イメージを気にしていました。そのため普段のメイクはつけまつ毛で目を大きく見せたり，濃い色のチークやリップグロスをしっかりとつけるなど，顔を華やかに見せることで明るい印象を演出していました。しかし派手なメイクで若々しさもなく，知性も感じられず逆効果となっていました。このような印象を払拭するために，清潔感があり若々しく爽やかな印象が得られるメイクプランを立てました。

※事例をモデルで再現しています。

　派手なメイクで老けた印象になり，清潔感も感じられません。手の込んだメイクをしているのに逆効果となっています。

第3章　就活メイクの理論と方法

　眉はナチュラルなストレート眉，目元は縦の方向に強調した縦グラデーションで爽やかな印象になっています。額を出してすっきりしたヘアスタイルは清潔感があり知性も感じられます。

■ケース4　Dさん　24歳　就職活動中

> Dさんは本来とても明るい女性です。学生時代からほとんどメイクをしたことはなく，普段は素顔で過ごしていました。面接試験にも何度か挑戦しましたが，いずれも普段通りの素顔で臨んでいました。なかなか就職が決まらないDさんが親友に相談したところ，顔色の悪さやさみしそうに見えることを指摘され暗く不健康な印象であることがわかりました。そこでDさんは明るく健康的な印象が得られるメイクプランを立てました。　　　　　　※事例をモデルで再現しています。

顔色が悪く暗くさみしそう。不健康に見え無気力な印象を受けます。

第 3 章　就活メイクの理論と方法

　眉は自然なストレート眉に。ファンデーションとチークで健康的な顔色に仕上げ明るく元気な印象になりました。髪もすっきりとまとめると清潔感があり，イキイキとしたフレッシュな印象を受けます。

Beauty Column II
メイクの心理学研究

　近年メイクに関する研究や実践活動が盛んに行われています。これはメイクを施すことによって，さまざまな効用が期待できることが明らかになったからです。

　従来メイクの心理的な効用の研究では1952年に米国の Mckeachie によって行われた口紅と対人関係についての調査など，メイクをした際の外見印象が他者に及ぼす効果を研究したものがほとんどでした。これらの研究ではメイクを適切に施すことで他者からの肯定的な評価を得られることが明らかにされています。就活メイクに関連する興味深い調査では Springbett (1958) が就職活動で潜在的に外見印象が採用の決定に関与すること，また身だしなみの好印象が採用に影響すると示唆しています。

　他者に及ぼす効果のほか近年ではメイクをする人自身に及ぼす心理効果に着目した研究も多くなされています。メイクの心理的な効用についての研究が盛んになった背景には，Graham らによって1985年に米国で出版された『*The Psychology of Cosmetic Treatments* (邦訳：化粧の心理学)』の影響が大きいと考えられます。この書籍では顔に外傷や疾病を有する人々が化粧品を使用することで症状が改善され，社会的なデメリットの軽減や否定的な感情が肯定的に変化するという効果が明らかにされました。この本の出版がひとつの契機となり，日本でも1980年代に入ってメイクの心理的効用の研究が頻繁に行われるようになり，さらには傷痕や顔面の疾病などに対する直接的な容貌改善を目的としたメイクではなく精神的な病を有する患者の治療過程でメイクを導入する試みも行われるようになりました (阿部 2002)。Hama ら (1990) の研究からは認知面や感情面が改善されたという報告がなされています。

　1990年代以降から現在において美容と医療や福祉の関わりが注目され，今日ではさまざまな臨床場面で看護師や精神保健福祉士，臨床心理士，介護福祉士などが連携して実践を試みる例が増えています。

第4章

メイクの基礎知識

1 メイクに必要な準備物

メイクには化粧品と化粧道具が必要です。メイクを始める前に自分がメイクしやすいように，必要な準備物をそろえましょう。

■必要な化粧品の一例

①メイクアップベース　②コントロールカラー　③コンシーラ　④ファンデーション　⑤フェイスパウダー　⑥パウダーファンデーション　⑦アイブロウペンシル　⑧アイシャドゥ　⑨アイライナーペンシル　⑩アイライナーリキッド　⑪マスカラ　⑫チーク　⑬口紅　⑭リップグロス　⑮リップペンシル　⑯フェイスカラー（ハイライト・ローライト）

第4章 メイクの基礎知識

■必要な化粧道具の例

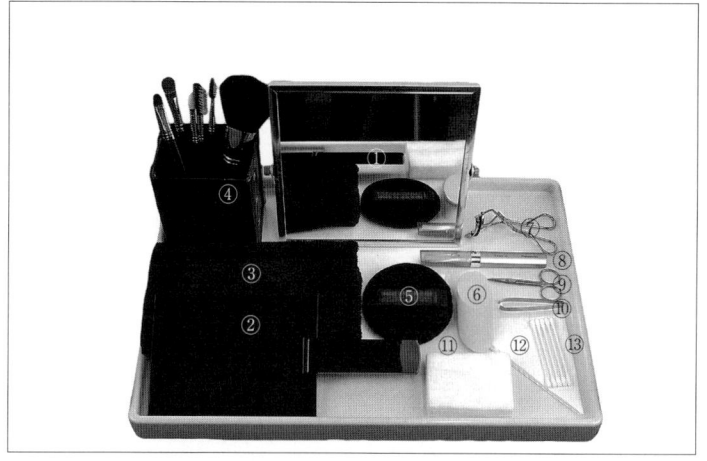

①スタンド鏡 ②手鏡 ③フェイスタオル ④メイク用ブラシ類 ⑤パウダーパフ ⑥化粧用スポンジ ⑦ビューラー ⑧シェーバー(眉用カミソリ) ⑨眉バサミ ⑩ツィザー(毛抜き) ⑪コットン ⑫ティッシュペーパー ⑬綿棒

※化粧道具の説明は、巻末の美容・基本用語集を参照して下さい。

2 ベースメイクの基礎知識

メイクはベースメイクとポイントメイクに分類されます。ベースメイクは主にメイクアップベースやファンデーション、コントロールカラー、コンシーラなどを使用して、肌が美しく見えるよう顔色や質感を整えることが目的です。

就活メイクは清潔感があり、明るく健康的で熱意や誠意が伝わるようなメイクをすることが大切です。メイクの土台となるベースメ

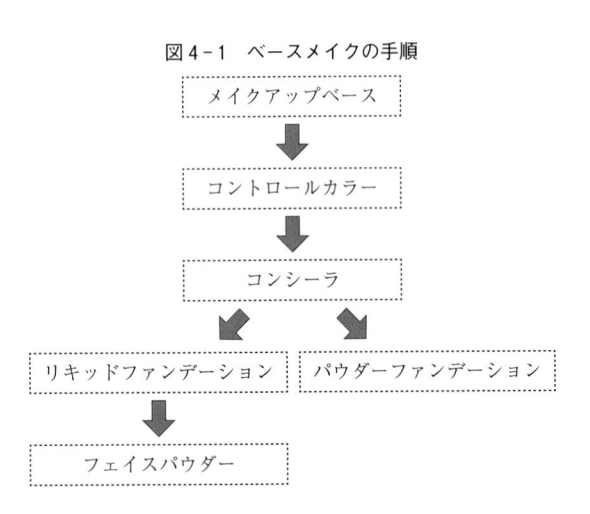

図 4-1　ベースメイクの手順

```
┌──────────────────┐
│  メイクアップベース  │
└──────────────────┘
         ↓
┌──────────────────┐
│  コントロールカラー  │
└──────────────────┘
         ↓
┌──────────────────┐
│     コンシーラ      │
└──────────────────┘
        ↙    ↘
┌──────────────────┐  ┌──────────────────┐
│ リキッドファンデーション │  │ パウダーファンデーション │
└──────────────────┘  └──────────────────┘
         ↓
┌──────────────────┐
│   フェイスパウダー   │
└──────────────────┘
```

イクが正しくできていないと，ポイントメイクをいくら適切に行ったとしても印象が良い顔にはなりません。

　ベースメイクの手順は，はじめにメイクアップベースを顔全体に薄くのばし，コントロールカラーで顔色を整えます。次に肌トラブルをコンシーラで消します。リキッドファンデーションをのせて，最後にフェイスパウダーで仕上げるのが一般的です。リキッドファンデーションを使用する場合はコンシーラをファンデーションより先に使用しても後から使用しても，どちらが先になっても構いません。肌の状態に合わせてリキッドファンデーションの前後両方にコンシーラを使用する場合もあります。ただしベースメイクは厚くなればなるほど崩れやすいので，できるだけ薄く仕上げるのがポイントです。

　リキッドファンデーションの代わりにパウダーファンデーションを使用する場合は，コントロールカラーの後にコンシーラで肌トラ

ブルをカバーして、最後にパウダーファンデーションで仕上げます。パウダーファンデーションの後にコンシーラを使用すると、ファンデーションがヨレてしまう場合があるので注意して下さい。ベースメイクの手順は図4-1に示します。

1 メイクアップベース

メイクアップベースは外部の刺激から肌を守り、肌とファンデーションを密着させてファンデーションのツキやモチを良くするために使用します。

メイクアップベースの種類にはクリームタイプ、ミルクタイプ、ジェルタイプなどがあります。また紫外線をカットする日焼け止め効果のあるものや、顔色をコントロールする色つきのものもあります。好みの質感や仕上がりの色で選ぶ以外に、冬の乾燥肌にはクリームタイプ、夏はさっぱりしたジェルタイプなど季節に応じて選ぶことも必要です。以下の表はメイクアップベースの種類と色による特徴をまとめたものです（表4-1、表4-2）。

表4-1 メイクアップベースの種類と特徴

メイクアップベースの種類	特　徴
クリームタイプ	クリーム状のメイクアップベースで保湿力が高い。肌への馴染みもよく保護力も高いタイプです。
ミルクタイプ	乳液状のメイクアップベースでのびがよく使いやすいタイプです。
ジェルタイプ	ジェル状のメイクアップベースでさっぱりとした質感です。

表4-2 メイクアップベースの色と特徴

メイクアップベース・色別	特　　徴
ピンク	肌のくすみをカバーして顔色を明るく見せます。
ベージュ	肌の色ムラを統一して顔色を均一に見せます。
ホワイト	明るい肌色に調整して顔色を明るく見せます。

② コントロールカラー

　肌のくすみや色ムラなどを整え，均一で自然な顔色へ調節するために使用します。リキッドタイプやクリームタイプのものがあります（表4-3）。

　赤みを抑えるグリーン，目の下のクマやくすみをカバーするイエロー，黄みを調整し透明感を与えるブルー，顔色を良く見せるピンク，その他ホワイトやパープルなどもあります（表4-4）。素肌の色の状態に合わせて使用する場所や量を調節しましょう。

③ コンシーラ

　目の下のクマやシミ，ニキビ跡，くすみなどをポイントでカバーする目的で使用します。広い範囲をカバーするリキッドタイプ，しっかりとカバーするクリームタイプやスティックタイプ，細かいところをピンポイントでカバーできるペンシルタイプなどがあります。

　広範囲の肌トラブルには中指のハラでトントンと軽くたたくようになじませます。狭い範囲や小さい箇所はペンシルタイプを使用したり，コンシーラブラシを使用してカバーします。使用する箇所や肌トラブルの大きさ，濃さに合わせてコンシーラの種類を選びましょう（表4-5）。

第4章　メイクの基礎知識

表4-3　コントロールカラーの種類と特徴

コントロールカラーの種類	特　徴
リキッドタイプ	広範囲に使用できるタイプ。のびが良く顔全体に薄くのばすことができるタイプです。
クリームタイプ	しっかりと色ムラをカバーできるタイプ。部分的に顔色を調節する場合に使用します。

表4-4　コントロールカラーの色と特徴

コントロールカラー・色別	特　徴
グリーン	肌の赤みを抑えるときに使用します。使う量が多いと顔色が悪く見えるので注意が必要です。
イエロー	目の下のクマやくすみをカバーするときに使用します。
ブルー	肌に透明感を与えます。グリーンと同様に使う量が多いと顔色が悪く見えるので注意が必要です。
ピンク	顔色を血色良く明るく見せます。
ホワイト	顔を部分的に明るくするため、ハイライトに利用します。
パープル	肌の黄みを消し透明感を出します。

表4-5　コンシーラの種類と特徴

コンシーラの種類	特　徴
リキッドタイプ	広い範囲になじみ、自然にカバーすることができます。中指のハラでトントンと軽くたたくようにのばします。
クリームタイプ	リキッドタイプより固めで、広い範囲をしっかりカバーすることができます。広い範囲は中指のハラでトントンと軽くたたくようにのばし、小さい部分にはコンシーラブラシを使用します。
スティックタイプ	クリームタイプより固めで、しっかりとカバーすることができます。中間ぐらいの範囲に使用します。狭い範囲や小さい部分にも使用できます。つけた後中指のハラでトントンと軽くたたくようにのばします。
ペンシルタイプ	狭い範囲や小さい部分のカバーに適しています。シミやそばかす、ニキビ跡などをピンポイントでカバーできます。

■顔の骨格・筋肉を知る

　メイクはできるだけ崩れにくいようにすることが大切です。メイクのモチを良くしてメイク崩れを防ぐためには厚塗りをせず適度な薄さで仕上げる必要があります。

　顔の部位で動きやすい箇所はメイクがヨレやすく崩れやすいところです。図4-2, 図4-3を参考に顔の骨格・筋肉を理解して，崩れやすい箇所にはファンデーションやコンシーラなどを厚く重ねないように気をつけましょう。

図4-2　顔の骨格

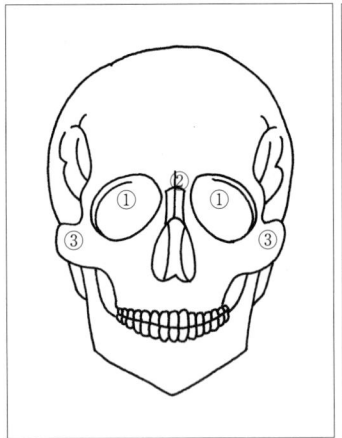

①眼窩：左右の眼球が入っている丸いくぼみ。
②鼻骨：鼻の上部の骨。
③頬骨：左右の頬の上部にある張り出した骨。

図4-3　顔の筋肉

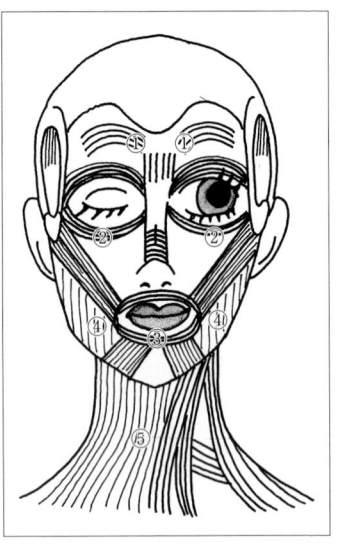

①前頭筋：額を引き上げしわを作る。
②眼輪筋：上下のまぶたを開閉する。
③口輪筋：口の周辺を前に尖らせる。
④頬筋：口角を外側に引く筋肉。
⑤広頸筋：口角を下方に引く筋肉。

④ ファンデーション

ファンデーションは顔料と紛体原料、基材で構成されているベースメイク用化粧品です。肌の色ムラや質感を整え顔色を均一に美しく見せるほか、外部からの刺激や乾燥から肌を守る役割があります。

ファンデーションは固形ファンデーションと乳化型ファンデーションに大別されます。固形ファンデーションはパウダータイプやケーキタイプ、ツーウェイタイプがあり、乳化型ファンデーションにはリキッドタイプ、クリームタイプ、スティックタイプなどがあります。リキッドファンデーションやパウダーファンデーションが主流ですが、それぞれ水分や油分、カバー力、質感が違うため、使用する目的や肌の状態に合わせて使い分けるとよいでしょう（表4-6）。

ファンデーションの色味は大別するとオークル系—黄み寄り、ナチュラル系—赤みと黄みの中間、ピンク系—赤み寄りがあります。またファンデーションの明るさは、明るい—ハイライト色／明るく・広く・高く見せる、暗い—ローライト色／引き締め・小さく・低く見せるという特徴があります（図4-4）。

色には面積効果といって、面積が大きくなると明るく見える特性があります。ファンデーションの色が明るすぎると白くお面をかぶったようになってしまうので注意が必要です。ファンデーションの色は顔に近い首の色に合わせて、本来の肌の色味と違和感のないものを選びましょう。また肌トラブルを隠そうとしてファンデーションを厚く塗ると厚化粧に見え若々しさが失われますので注意が

表4-6 ファンデーションの種類と特徴

ファンデーションの種類	特　徴
スティックタイプ	顔料が多く含まれているためカバー力が高いタイプ。撮影用や舞台用に使用されることも多い。
クリームタイプ	油分が多くツヤが出る。カバー力が高いタイプです。
リキッドタイプ	水分が多く液状でのびが良い。カバー力もあり自然な仕上がりが期待できます。
水性タイプ	水分と顔料の液体ファンデーションで、さっぱりとした使用感が特徴です。
パウダータイプ	素早く仕上げることができるうえ、携帯にも便利です。乾燥しやすいので乾燥肌の人は注意が必要です。
ケーキタイプ	水あり、水なしタイプがあります。水ありタイプは汗に強く高い密着度があります。専用の化粧用スポンジを使用してつけます。
ツーウェイタイプ	乾いた化粧用スポンジでも水に濡らした化粧用スポンジでも使用でき、後者の場合はメイクのモチが良い。

図4-4 ファンデーションの色みと明るさ

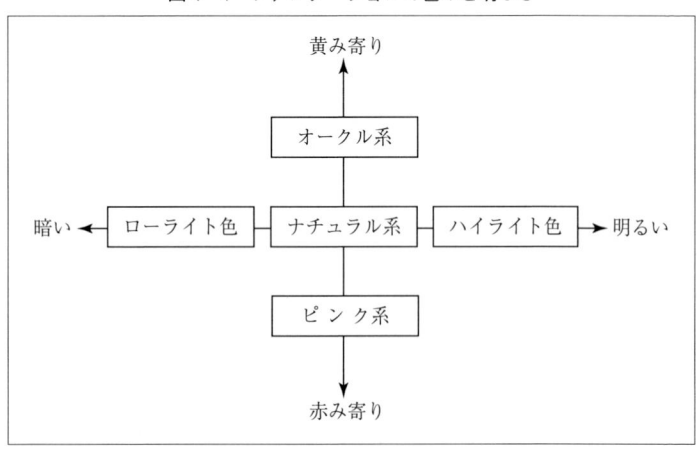

```
              黄み寄り
                ↑
            ┌────────┐
            │ オークル系 │
            └────────┘
   ┌────────┐ ┌────────┐ ┌────────┐
暗い←│ローライト色│─│ナチュラル系│─│ハイライト色│→明るい
   └────────┘ └────────┘ └────────┘
            ┌────────┐
            │  ピンク系  │
            └────────┘
                ↓
              赤み寄り
```

必要です。最近では光を反射させたり分散させたりする顔料を使用した薄づきのファンデーションなどさまざまなタイプが発売されています。

■リキッドファンデーションのつけ方

　リキッドファンデーションをつける方法には，①手（指）でつける，②化粧用スポンジでつける，③ファンデーションブラシでつける，の3種類があります。

　①か②でつける場合が多いですが，最近では③のファンデーションブラシでつけるタイプのリキッドファンデーションも発売されています。

　手（指）でつける場合，化粧用スポンジでつける場合は①プッシュと②ストロークの2種類があります（図4-5）。

図4-5　プッシュとストローク

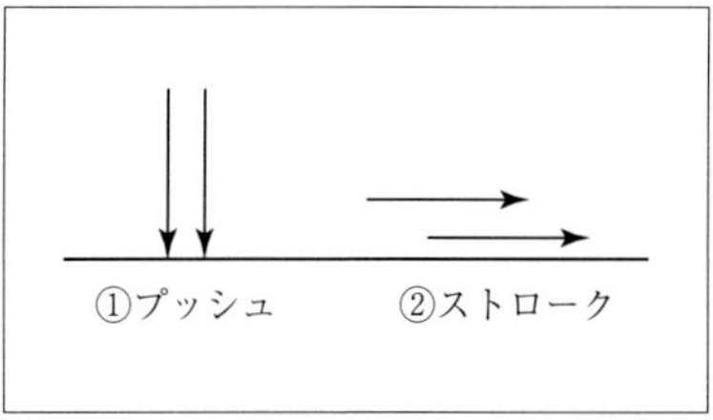

①　プッシュ

　肌に対してポンポンと軽くたたくようにつけます。リキッドファンデーションを厚くつけたいときに適しています。

②　ストローク

　肌に対して滑らせるようにのばします。リキッドファンデー

ションを軽く均一にのばしたいときに適しています。

■パウダーファンデーションのつけ方

　パウダーファンデーションをつける方法には①化粧用スポンジでつける，②メイク用ブラシでつけるの2種類があります。

　①　化粧用スポンジでつける

　　パウダーファンデーションをしっかりつけることができます。

　②　メイク用ブラシでつける

　　パウダーファンデーションを軽くつけることができます。

⑤　フェイスパウダー

　フェイスパウダーはリキッドファンデーションを定着させてメイク崩れを防止することが目的です。油分が少なくそのほとんどが粉体です。ノンプレストタイプと粉を圧縮したプレストタイプがあります。プレストタイプはコンパクトタイプのものがあるので，メイク直しの際など携帯しておくと便利です（表4-7）。

　フェイスパウダーは汗や皮脂などの分泌物を吸収しメイク崩れを防いだり，紫外線などから肌を保護する働きがあります。またそれだけでなく顔を立体的に見せたり自分が望む肌の質感を演出する効果もあります。その人から受ける印象に肌の質感は大きく影響を与えます。マットな質感はパール感のある肌に比べてフォーマル度が増します。しかしマットすぎると若々しさが失われますので，面接試験では適度なツヤがあるハーフマットの質感を心がけましょう。

　フェイスパウダーの色にはルーセントタイプという色がつかないものと色つきのものがあります。リキッドファンデーションで仕上

表4-7 フェイスパウダーの種類と特徴

フェイスパウダーの種類		特徴
形状	ノンプレストタイプ	プレスしていない粉状のタイプ。
形状	プレストタイプ	粉状のものをプレスして固めているタイプ。
色	ルーセントタイプ	無色透明でファンデーションの色味をいかした肌に仕上がります。肌に透明感が出ます。
色	カラータイプ	色の効果でイメージを演出できます。
質感	マット	ツヤをおさえたマットな肌に仕上がります。ハーフマットに仕上げると落ち着いた上品なイメージになります。
質感	パール	パールの効果でツヤのある肌に仕上がります。若々しいイメージを演出できます。

げた肌の色と同様にしたいときはルーセントタイプを，暗くしたいときは肌より暗め，明るくしたいときは肌より明るめのフェイスパウダーを選びます。

フェイスパウダーをしっかりとつけたいときはパウダーパフで，軽くつけたいときはメイク用ブラシを使用します。夏の就職活動などでメイク崩れが気になるとき，脂性肌や皮脂の分泌が多いときはパウダーパフを使用し，乾燥肌や冬場の乾燥が気になるときはメイク用ブラシを使用するなど，肌の状態や季節に応じて使い分けるとよいでしょう。

3　ポイントメイクの基礎知識

ポイントメイクは顔のパーツの印象を変化させ，なりたい顔に近づけることができるため就活メイクでは重要です。ポイントメイク

図4-6 ポイントメイクの手順

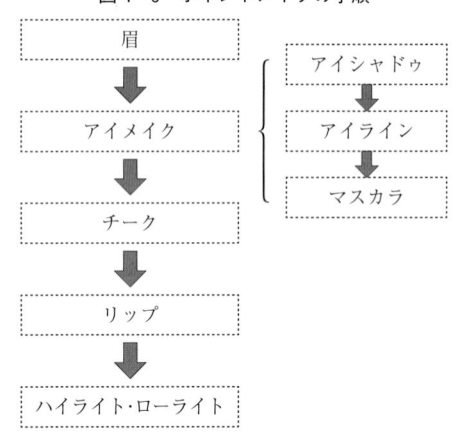

```
┌──────┐
│  眉  │
└──────┘
   ↓
┌──────────┐      ┌──────────┐
│ アイメイク │ ─── │ アイシャドゥ │
└──────────┘  │   └──────────┘
   ↓          │        ↓
              │   ┌──────────┐
              │   │ アイライン │
              │   └──────────┘
              │        ↓
              │   ┌──────────┐
              └── │ マスカラ   │
                  └──────────┘
┌──────────┐
│  チーク   │
└──────────┘
   ↓
┌──────────┐
│  リップ   │
└──────────┘
   ↓
┌──────────────────┐
│ ハイライト・ローライト │
└──────────────────┘
```

用化粧品を使用して、その人の個性をいかし良い部分を引き出したり逆に補うようにメイクをします。

ポイントメイクは、はじめに眉をアイブロウペンシルまたは眉用のパウダーで描きます。顔の印象は眉で大きく変わります。自分のなりたいイメージに合わせて眉の形を選択することが大切です。

次にアイメイクを行います。アイメイクはアイシャドゥ、アイライン、マスカラで仕上げます。目元はその人の熱意や誠意が伝わる箇所です。しかし気持ちが入りすぎて、目を大きく見せようとするあまりにアイメイクを濃くすると派手な印象になってしまいます。就活メイクでは目の大きさにこだわるのではなく、イキイキとした目元を演出するアイメイクを心がけましょう。

アイメイクが完成したらチークを入れます。緊張感から前夜よく眠れなかったのか顔色が悪いまま面接試験に行く人がいますが、チークは元気さをアピールする絶好のポイントとなります。入れす

ぎはよくありませんが,就活メイクではぜひ取り入れたいアイテムです。

リップは口紅やリップグロスで仕上げますが,ナチュラルな色を選択したつもりでも肌色と同じヌードカラーは顔色を悪く見せます。リップペンシルを使用するときれいなラインが描け,キリッとした口元に仕上がります。最後にハイライトとローライト用の化粧品で顔に立体感をつけます。ポイントメイクの手順は図4-6に示しています。

① 眉

眉の形で顔の印象は大きく変わります。面接試験では眉山が高すぎて吊り上がった眉や,眉山が低すぎる困り眉は印象が良くありません。バランスが整った眉は顔の印象を良く見せます。眉は顔の中で唯一形を変化させることができるパーツです。なぜなら眉は毛でできているので長さや量をカットし調整することができるからです。

はじめに眉の形を整えてアイブロウペンシルや眉用のパウダーで描きます。アイブロウペンシルを使用するとシャープな印象の眉に,眉用のパウダーを使用すると柔らかなやさしい印象の眉に描くことができます。眉頭,眉中は眉用のパウダーで,眉尻はアイブロウペンシルで描くこともできます(表4-8)。また眉はグラデーションをつけると立体的に仕上がり表情がイキイキとします。1本のアイブロウペンシルで筆圧を変化させて濃淡を描き分けたり,同色系の眉用のパウダーとアイブロウペンシルで濃淡を作ることもできますが,髪の色を基本色として,一段明るい色と2色のアイブロウペンシルを持っておくと濃淡をつけるときに便利です。

表4-8 眉用化粧品の種類と特徴

眉用化粧品の種類	特　　　徴
ペンシルタイプ	シャープナーで削る鉛筆タイプと，削る必要のないシャープペンタイプがあります。シャープでしっかりとした眉を描くことができます。アイブロウペンシルと呼ばれています。
パウダータイプ	眉用のパウダーは柔らかでやさしい眉を描くことができます。化粧品に付属されたブラシ，または眉専用ブラシで描きます。

■眉のバランス

眉には顔の印象が良く見えるバランスがあります。

図4-7のように眉頭から眉尻を下の線で結んだ3分の2の位置に眉山がくると眉全体のバランスが整います。

図4-7 眉のバランス（ストレート眉）

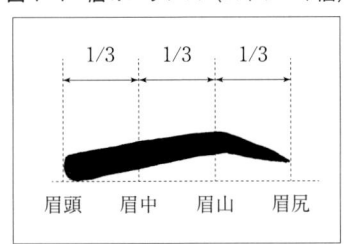

■眉の形による印象の違い

眉の形は，①ストレート眉，②アーチ眉，③ピーク眉の3つのタイプに分けられます（図4-8）。

■眉の生え方・毛流れ

眉は次のような毛の流れで生えています。眉頭から眉中の部分は

図4-8　眉の形・3タイプ

① ストレート眉　　　② アーチ眉　　　③ ピーク眉

①ストレート眉はストレートラインの眉でナチュラルで知的な印象になります。
②アーチ眉は丸みのある眉でかわいらしく女らしい印象になります。
③ピーク眉は眉山に角度をつけた眉でシャープで意志が強そうな印象になります。

上に向かって毛が生えています。眉中から眉山にかけて斜め上に向かって生えている部分と斜め下に向かって生えている部分とが交差しています。眉山から眉尻は下に向かって毛が生えているか、生えていても毛が薄くなっています。

　眉のグラデーションは眉頭は薄く眉山にかけて徐々に濃くしていき、眉尻が一番濃くなるように描きます。眉中から眉山にかけて毛が斜め上に向かって生えている部分と斜め下に向かって生えている交差部分は濃く見える箇所なので、この部分がさらに濃くならないように注意してグラデーションにします。

② アイメイク

　アイメイクは目を立体的に見せ、目の形を印象的に美しく見せることが目的です。アイシャドゥは形や色、質感によりさまざまな印象を演出することができます。またアイシャドゥをつける際の方法（道具）によっても異なった印象になります。

　アイシャドゥやアイライン、マスカラの組み合わせで目元の印象をより魅力的に演出することができます。

①アイシャドゥ

■グラデーションの方法（図4-9，4-10）

図4-9　縦グラデーション

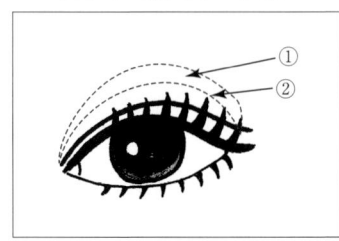

図4-10　横グラデーション

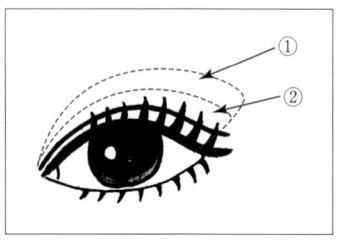

アイホールにハイライトカラーを①の形で入れます。上まぶたのフレームラインに②の形で締め色を境目がないようにぼかします。

アイホールにハイライトカラーを①の形で入れます。上まぶたのフレームラインに②の形で締め色を境目がないようにぼかします。

■目の形に合わせたアイシャドゥの入れ方（図4-11）

①②③のいずれも目を開けた状態でアイシャドゥの締め色が上まぶたのフレームラインから2ミリ程度見えるぐらいに入れます。

図4-11　目の形・3タイプ

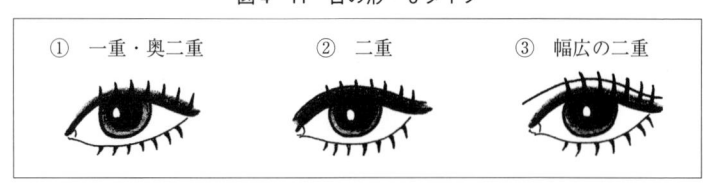

①　一重・奥二重　　②　二重　　③　幅広の二重

アイシャドゥの種類と特徴は表4-9の通りです。表4-10には，アイシャドゥをつける方法とその特徴をまとめています。

表4-9 アイシャドゥの種類と特徴

アイシャドゥの種類	特　徴
プレストタイプ	パウダータイプのアイシャドゥを固めている最も一般的なタイプ。携帯にも便利で使いやすい。
パウダータイプ	パウダー状のアイシャドゥでプレストタイプより発色が良いのが特徴です。
クリームタイプ	クリーム状のアイシャドゥで油分が多く発色が良い。パウダータイプのアイシャドゥをよく発色させるための下地に使う場合もあります。
ペンシルタイプ	ペンシルの芯の部分がやわらかいアイシャドゥで，細かい箇所に使いやすい。

表4-10 アイシャドゥをつける方法と特徴

アイシャドゥをつける方法	特　徴
アイシャドゥチップ	濃くはっきりと発色できます。ぼかすときに多少ムラになりやすい。
アイシャドゥブラシ	ぼかしやすいがアイシャドゥチップに比べると発色しにくい。ぼかしやすいためグラデーションをきれいに描くことができます。
指	クリームシャドゥを使用するときなど自然にぼかすことができます。

②アイライン

アイライナーを使用することで目元の印象がよりはっきりとします。アイライナーの種類によって目元の印象が変わります（表4-11）。

③マスカラ

マスカラを使用することでまつ毛にボリュームを出し，印象的な目元を作ることが目的です。マスカラにもさまざまな種類があり，好みや場面に応じて使い分けます（表4-12）。

表 4-11　アイライナーの種類と特徴

アイライナーの種類	特　徴
ペンシルタイプ	ぼかすことができるので自然なラインやはっきりしたラインなど好みのラインを描くことができます。
リキッドタイプ	はっきりとしたラインが描けます。水に強いウォータープルーフタイプもあります。
ケーキタイプ	筆を使用して描くので細いラインが描けます。発色が良く目元を強調したいときに使用します。

表 4-12　マスカラの種類と特徴

マスカラの種類		特　徴
形状	ナチュラルタイプ	まつ毛の長さ，太さともに自然な仕上がりです。
	ボリュームタイプ	まつ毛の1本1本を太くする効果があります。
	ロングタイプ	まつ毛の1本1本を長くする効果があります。
色	透明タイプ	透明のマスカラでまつ毛のカールのモチをよくします。
	黒タイプ	一般的に使用される黒のマスカラです。
	カラータイプ	黒以外のマスカラで色のついたタイプです。
耐久	ウォータープルーフ	汗や水に強いタイプ。専用のクレンジングが必要。
	スマッジプルーフ	皮脂に強いタイプです。

3　チーク

骨格の補正効果や肌を健康的に見せる目的で使います。チークは入れる形や色によってさまざまなイメージを演出することができます。虹彩（黒目）から下に垂直に伸ばした線より外側に，鼻先から平行に伸ばした線より上の斜線部分に入れます。この範囲からはみ出して入れてしまうと日焼け顔やお酒に酔ったような顔になるので注意が必要です（表 4-13，図 4-12）。

第4章　メイクの基礎知識

表4-13　チークの種類と特徴

チークの種類	特　徴
プレストタイプ	パウダーを固めた一般的に使用されているチークです。チークブラシを使用してのせます。
クリームタイプ	クリーム状で油分が多いタイプです。ツヤがある仕上がりになります。スポンジや指でのせます。

図4-12　チークを入れる範囲

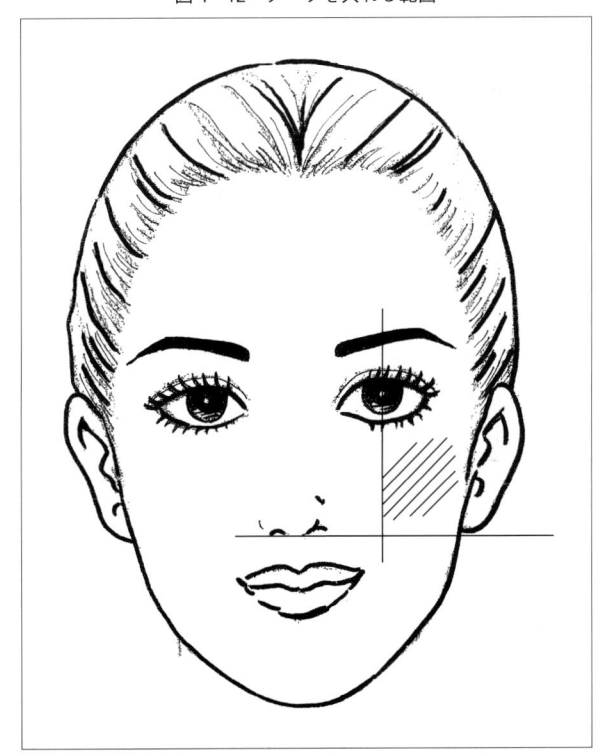

チークの基本は虹彩（黒目）の中心から垂直に下した線と鼻先から平行に伸ばした線が交わった斜線部分に入れます。

4 リップ

リップ用化粧品は唇を保護しアウトラインの形を整え,印象的な唇を演出することが目的です。唇の厚みの比率は図4-13に示しているように,上唇と下唇が1:1.2〜1.5になるように描くとバランスよく見えます。

リップラインは形を変えることで印象がさまざまに変化します。またリップの色,質感によってもさまざまな印象になります(表4-14)。

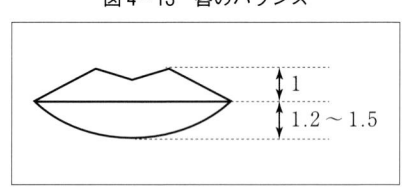

図4-13 唇のバランス

表4-14 リップ用化粧品の種類と特徴

リップ用化粧品の種類		特　徴
形状	スティックタイプ	最も一般的に使用されている口紅のタイプです。
	クリームタイプ	スティックタイプより柔らかでのびが良いです。
	ペンシルタイプ	リップラインを修正したり,はっきりと描くときに使用します。唇の輪郭がにじみにくくなります。
	グロスタイプ	油分が多くしっとりと濡れたように仕上がります。色つきタイプや透明タイプがあります。
質感	ナチュラルタイプ	適度な透明感とツヤがあります。
	マットタイプ	油分が少なく透明感とツヤはないが落ちにくい。
	パールタイプ	パールの粒子が混入されており光沢があります。
	グロッシータイプ	反射する光沢があります。

第4章　メイクの基礎知識

■リップラインによる印象の違い（図4-14）

図4-14　リップライン・3タイプ

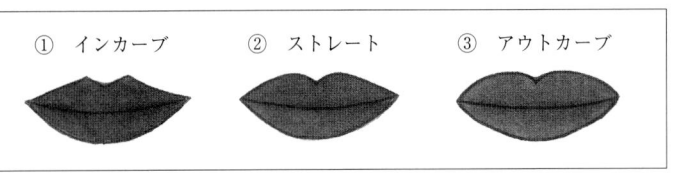

① インカーブ　　　② ストレート　　　③ アウトカーブ

①インカーブ：口角から唇中心の山までがインカーブのラインは子供っぽい印象を与えます。
②ストレート：口角から唇中心の山までがストレートのラインはナチュラルな印象を与えます。
③アウトカーブ：口角から唇中心の山までがアウトカーブのラインはやさしく女らしい印象を与えます。

5　ハイライト・ローライト

　明るい肌色と暗い肌色のフェイスカラーを利用して顔に立体感をつけることが目的です。一般にハイライトは顔の中で高く見せたいところや広く見せたいところ，明るく見せたいところに使用します。ローライトは引き締めて小さく見せたいところや低く見せたいところ，暗く見せたいところに使用します。ローライトは顔型を卵型に近づける感覚で入れるとよいでしょう（表4-15）。

　ハイライトとローライトはベースメイクの段階で，明るい肌色のファンデーションと暗い色のファンデーションを使用して塗り分けをする方法と，ベースメイクのフェイスパウダーの後でハイライトとローライトのフェイスカラーを入れる方法があります。いずれの方法で入れる場合もわざとらしくないように自然に入れることが大切です。

表4-15 ハイライトとローライト

ハイライト	
入れる場所	効　果
Tゾーン	額を高く鼻筋を通して高く見せます。
Cゾーン	目元を明るく見せます。
頬　骨	頬を明るく高く見せます。
あご先	あご先を高く見せます。
ロ　ー　ラ　イ　ト	
入れる場所	効　果
額の生え際	額を丸く短く見せます。
顔の側面 （フェイスライン）	顔の横幅を狭めすっきりと見せます。
ノーズシャドゥ	鼻筋を通します。
フェイスライン	顔を短く見せます。

第 5 章

スキンケアの基礎知識

1 皮膚について

 皮膚は体の最も外側にあり紫外線や化学物質，さまざまな外的刺激などから身体を守る保護作用があります。また体温調節や弱酸性の皮脂膜で細菌の侵入を防ぐ働きもあります。そのほか健康状態の指標としての働きや，感情の表現などその働きは多岐に渡ります。
 皮膚は大別すると表皮，真皮，皮下組織という3層から成り立っており，それぞれに大切な働きがあります（図5-1）。

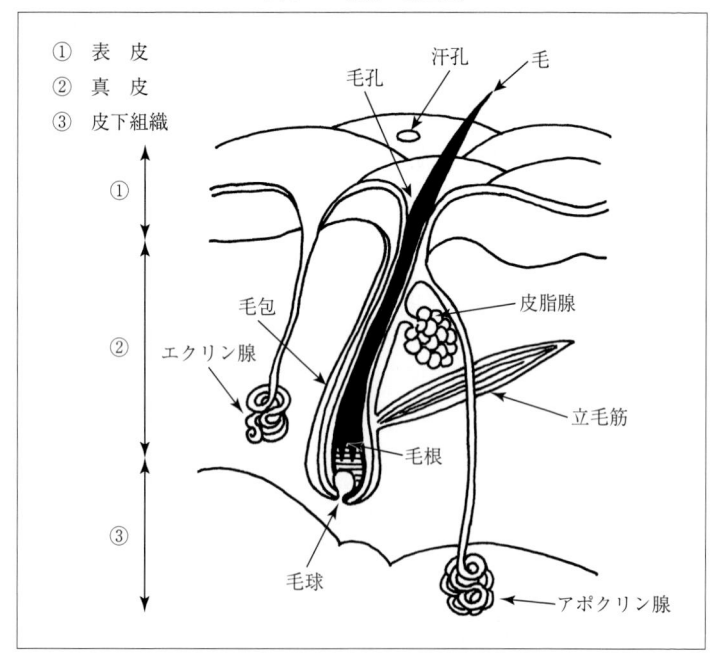

図5-1 皮膚の断面図

① 表皮
② 真皮
③ 皮下組織

毛孔　汗孔　毛
毛包
エクリン腺
皮脂腺
立毛筋
毛根
毛球
アポクリン腺

第5章　スキンケアの基礎知識

1　表　皮

　表皮とは皮膚の最も表面の層のことで約0.2ミリという薄さです。表皮を構成している細胞は角化細胞と呼ばれ，表皮の95パーセントも占めています。表皮は肌の印象に直接関係する重要な部分であり，メイクの仕上がりにも影響を及ぼします。

　みなさんはターンオーバーという言葉を耳にしたことがあるでしょうか。よく肌は28日周期で生まれ変わると言われます。顔の表皮は上から順に角質層，顆粒層，有棘層，基底層に分かれており，表皮の中の基底層という一番底の部分で新たに生まれた角化細胞が徐々に上に押し上げられて形を変えながら，最終的には角質層で垢となって剥がれていく周期が約28日間だからです。このような表皮の細胞が入れ替わることをターンオーバーもしくは角化作用と呼んでいます。美しく健康的な肌を保つためには，このターンオーバーが正しく行われていることが大切です。

• 角質層

　皮膚の一番表面の層。透明感がある美しい肌は角質層の状態によって左右されます。天然保湿因子や細胞と細胞の間を埋めている細胞間脂質があり，水分が蒸発しないよう保ちながら外部の刺激から内部を保護する働きがあります。

• 顆粒層

　有棘層から移動した細胞が顆粒層で水分が取り除かれたり，細胞膜が厚くなるなどの変化が生じます。

• 有棘層

　表皮の中で最も厚い層で，細胞同士が棘のようなものでつながっ

ているためこの名前がつきました。ここで角質細胞の素になるケラチンを作りながら顆粒層へ移動します。

・基底層

表皮の最下層にある細胞層です。細胞分裂によって絶えず新しい細胞を作り出しています。メラノサイトという色素細胞があり必要に応じてメラニンを作り出しています。肌の色や髪の色はメラニンの量によって決定されます。また日焼けによってメラニンが生成されます。

② 真 皮

真皮は表皮の下に位置する部分です。真皮の70パーセントは膠原繊維とも呼ばれるコラーゲンで占められ，そのほかは弾性繊維とも呼ばれるエラスチンやヒアルロン酸などで構成されています。血管や神経，リンパ管，皮脂腺，汗腺などもあり，栄養分の補給や分泌，皮膚感覚などを担っています。肌の若々しさを決定するハリや弾力に関係する部分です。

③ 皮下組織

皮下組織は皮膚の最も下に位置する結合組織で，外界からの刺激などから身体を守る役割をしています。また栄養を皮下脂肪として蓄える役割もします。

2 スキンケアに必要な準備物

スキンケアにはスキンケア化粧品と化粧道具が必要です。スキン

第5章　スキンケアの基礎知識

ケアを始める前に必要な準備物をそろえましょう。

■必要なスキンケア化粧品の一例

①洗顔フォーム　②クレンジング用化粧品　③化粧水　④美容液　⑤乳液
⑥クリーム　⑦マッサージクリーム
※このほか，コットン，ティッシュペーパーなども適宜準備しておきます。

3　スキンケアの目的と使用化粧品

　健康的で美しい肌のために毎日のスキンケアは欠かせません。スキンケアとはクレンジング化粧品や化粧水，乳液，美容クリームなどを使用し，美容上の美しさや健康を保つことおよび向上させることを目的に行うことです。
　スキンケアで大切なのは取り除く，与える，保護するという3ステップです。

図5-2 スキンケアの手順

```
クレンジング
   ↓
  洗　顔
   ↓
  化粧水
   ↓
 乳液・美容液
   ↓
 美容クリーム
```

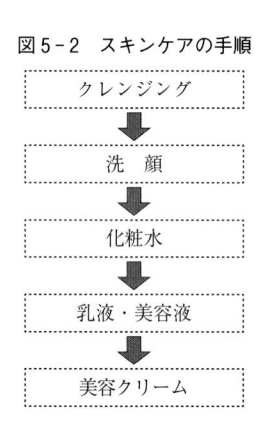

　スキンケアは図5-2の手順に沿って行います。まずクレンジング用化粧品や洗顔料で肌表面の汚れをきれいに取り除くことから始めます。ここできちんと汚れを落としていないと，いくら上から美容成分の高い化粧品を使用しても健康的で美しい肌を保つことはできません。

　肌の汚れをきれいに取り除き化粧水，乳液で水分や保湿成分を与え，必要に応じて美容液を使用します（使用する化粧品メーカー推奨の順番を参考にして下さい）。美容クリームは油分の配合量の違いにより，油分が50パーセント以上のコールドクリームタイプ，25～50パーセント前後の中油性タイプ，20～10パーセント前後のバニシングクリームタイプがあります。化粧品は肌の状態に合わせて選び，水分と油分のバランスを整えます。また日焼け止め効果のある化粧品で紫外線から肌を保護することも重要です。皮膚の老化の原因は加齢による一般老化と紫外線による光老化に大別され，シミ，くすみ，たるみなどの8割は紫外線によるものと言われています。肌の

タイプに合わせて行うデイリーのスキンケアにプラスして、日焼け止めの使用やパック、マッサージなどを現在の肌状態や季節に合わせて行いましょう。

① クレンジング

クレンジングはメイクや外気の汚れを落とすことが目的です。クレンジング用化粧品を使用して眉、目元、口元のポイントメイクから始め、次に全体のメイクをきれいに取り除きます。メイクがきちんと落とせていないと色素沈着やくすみなど肌トラブルの原因となります。クレンジング用化粧品をよくなじませて、汚れを浮かせてから丁寧に洗い流しましょう。ゴシゴシとこすって落とすと肌に負担をかけることになるので注意が必要です。アイメイクなどを濃くしているときはポイントメイク用クレンジング化粧品を使用すると力を入れずに取り除くことができます。クレンジング用化粧品にはさまざまな種類があります。用途に合わせて選びましょう（表5-1）。

表5-1　クレンジング用化粧品の種類と特徴

クレンジング用化粧品の種類	特　徴
クリームタイプ	油分が多く濃いメイクもしっかり落とすことができます。
オイルタイプ	オイルで皮脂を浮かし汚れを手早く落とすことができます。
フォームタイプ	泡で汚れを包みながらソフトに落とすことができます。
ミルクタイプ	乳液状で水分が多くマイルドに落とすことができます。
ジェルタイプ	さっぱりした使用感で肌への負担が少ないです。
シートタイプ	場所を選ばず手軽に落とすことができますが肌への負担が大きくなります。

② 洗　顔

洗顔は皮脂の汚れや角質，外気に含まれた塵埃の汚れ，細菌類などを落とし肌を清潔に保つことが目的です。肌は日中だけでなく夜寝ている間にも汗や皮脂などによる老廃物を排出しています。美しい肌を維持するためには正しい洗顔を行わなくてはなりません（表5-2）。朝と夜の2回，洗顔料をよく泡立てて洗います。ゴシゴシと力を入れて洗わないように気をつけ，洗顔後は洗い残しのないよう，よくすすぎましょう。

表5-2　洗顔料の種類と特徴

洗顔料の種類	特　徴
洗顔用石けん	さっぱりした洗い上がりです。つっぱり感があります。
洗顔パウダー	粉状の洗顔料です。天然成分の洗浄力を利用したものがあります。
洗顔フォーム	洗浄力があります。つっぱり感がなくしっとりした洗い上がりです。

③ 化粧水

化粧水は肌の水分バランスを整え，充分な潤いを与える目的で行います。ローションと呼ぶ場合もあります。手のひら，またはコットンにたっぷりとり，頬，額，あごなど面積の広い所からつけていきます。次に口の周り，鼻，目の周りなど細かいところにつけていきます。パッティングする場合は顔の下から上に向かって軽くたたき上げる方法で行います。パッティングをすることで，より化粧水の成分を肌の奥まで浸透させ肌を引き締める効果があります。目の

第5章　スキンケアの基礎知識

周りや鼻筋，小鼻はデリケートな部分なのでパッティングはせず，軽く押さえるように塗布します。化粧水のタイプには通常のタイプに加え，保湿効果にすぐれたものや収れん効果にすぐれたものなどがあります（表5-3）。自分の肌の状態や季節に合わせて選択しましょう。

表5-3　化粧水の種類と特徴

化粧水の種類	特　徴
一般化粧水	一般的に使用されている化粧水で柔軟化粧水と呼ばれることもあります。ヒアルロン酸などが配合されているものもあります。
保湿化粧水	モイスチャーローションと呼ばれる，保湿ケアを目的とした化粧水です。
収れん化粧水	アストリンゼントローションと呼ばれる，皮脂を一時的に抑える目的の化粧水です。
カーマインローション	カオリンや酸化鉄などが配合された収れん化粧水の一種です。日焼けをした後の化粧水として使用されます。底にたまった配合物を振って使うタイプです。

④　乳　液

乳液は通常化粧水の後に使用します。油分を含んでおり保湿力があるため，化粧水でしっかりと水分補給をした後，水分蒸発を防い

表5-4　乳液の種類と特徴

乳液の種類	特　徴
保湿乳液	一般的に販売されている乳液のこと。
UV乳液	紫外線から肌を守ってくれる日焼け止め効果のある乳液です。
ティント乳液	肌色の色素が含まれており，メイクアップベースの代わりになる乳液です。

で肌の潤いを保つ目的で行います。乳液を適量手のひらにとり，手のひらと指先になじませてから顔全体に塗布していきます。Tゾーンと呼ばれる額や鼻の周りには皮脂が多いため，乳液の量を若干控えます。顔全体になじませた後，余分な乳液はティッシュで押さえましょう（ティッシュオフ）。乳液も用途に応じて使い分けたり，皮脂の分泌状態や季節によって量を調節します（表5-4）。

⑤ 美容クリーム

美容クリームは肌に油分を補うために使用します。油分の配合量はクリームによって異なります。コールドクリームと呼ばれるタイプが最も油分が多く，次に中油性タイプで，バニシングクリームは油分が少ないタイプです。化粧水や乳液で補った肌の潤いを閉じ込める役割をします。美容クリームは乳液に比べて全般的に油分が多いため，顔全体にたっぷりつけるとニキビの原因になったり逆に皮脂分泌力の低下をまねきますので，乾燥している部分に必要なだけ使用するようにしましょう。季節や自分の肌に合わせて，使用する

表5-5 美容クリームの種類と特徴

美容クリームの種類	特　徴
保湿クリーム	肌の保湿ケアを目的とした美容クリームで油分の多いコールドクリーム，中間の中油性タイプ，油分が少ないバニシングクリームがあります。昼用，夜用と分けて使用するものもあり，またゲル状の美容クリームもあります。
アイクリーム	デリケートな目元ケア専用の美容クリームです。アイクリームのほか，部分的に使用するものに口元専用の美容クリームもあります。
マッサージクリーム	リンパの滞りを促すマッサージ専用の美容クリームです。

種類や量を調節することが大切です（表5-5）。

4　自分の肌タイプを知る

　肌タイプは皮膚から分泌される皮脂や水分量によって，オイリースキン，ノーマルスキン，ドライスキン，コンビネーションスキンに分類されます。自分の肌タイプに合わせてスキンケアをすることが大切です（表5-6）。

表5-6　肌タイプの特徴と効果的なスキンケア法

肌タイプの特徴	効果的なスキンケア法
【オイリースキン】 皮膚表面の皮脂が多く，テカリやすい。肌のキメが粗く毛穴が目立ちます。ニキビ等ができやすい。外界の刺激に対して比較的抵抗力が強い肌タイプです。	・収れん作用のある化粧水を使います。 ・油分の多い乳液やクリームは控えます。
【ノーマルスキン】 皮膚表面の皮脂は適量です。肌の表面は潤いがありキメが細かい。メイクのノリが良く崩れにくい肌タイプです。	・季節の変わり目や肌の状態に合わせたスキンケアを行います。
【ドライスキン】 皮膚表面の皮脂は少なめで乾燥しています。肌のキメは細かいが潤いがない。外界からの抵抗力が弱く肌荒れを起こしやすい。角質層の水分量が少なくメイクのノリが悪い肌タイプです。	・化粧水と乳液で水分と油分をしっかりと補給し，必要に応じて部分的に美容液やクリームを使用します。 ・マッサージで血行を良くすることも効果的です。
【コンビネーションスキン】 額や鼻の周りなどは皮脂が多く，目元や口元は乾燥している混合肌。メイクのノリが悪く崩れやすい肌タイプです。	・水分補給をしっかりと行い，乾燥している部分にはクリームで保湿をします。 ・定期的なマッサージも効果的です。

5 プラスワンのスキンケア

① 日焼け止め

日焼け止め化粧品などで UV という言葉を聞いたことがあるでしょうか。UV とはウルトラバイオレットの略で紫外線のことです。紫外線には UV-A, UV-B, UV-C があり，肌にダメージを与える紫外線には UV-A と UV-B があります。

UV-A は肌の真皮を構成しているコラーゲンやエラスチンを破壊して，肌のハリや弾力を失わせます。UV-B は表皮に影響を与え肌の乾燥や角化異常をまねいたり，メラノサイトを刺激することでシミができたりします。

肌のシミやくすみ，たるみなどの8割は紫外線によるものと言われています。紫外線量は紫外線の強さに時間をかけたものです。たとえ弱い紫外線でも長時間浴びると強い紫外線を短時間に浴びたことと同じになります。メイクをする前に日焼け止めを使用したり，メイクアップベースに日焼け止め効果のあるものを使用して，紫外線対策をしっかり行いましょう。

日焼け止めや紫外線を防ぐ働きのある化粧品でよく見る「PA」は UV-A を防ぐ指標，「SPF」は UV-B を防ぐ指標です（表5-7）。「PA」は＋〜＋＋＋＋までの段階があり，＋の数が多いほど効果が高いことを示しています。「SPF」は1から50までの数字で表示され，それ以上は50＋と表示されます。SPF1 で20〜25分の日焼け止め効果が期待できるとされていますので，目的や状況に合わせて選

第5章　スキンケアの基礎知識

表5-7　「PA」と「SPF」

UV-Aを防ぐ指標	
PA＋	紫外線防御効果がある
PA＋＋	紫外線防御効果がかなりある
PA＋＋＋	紫外線防御効果が非常にある
PA＋＋＋＋	紫外線防御効果が極めて高い
UV-Bを防ぐ指標	
SPF10	約4時間10分日焼け止め効果が期待できる
SPF20	約8時間20分日焼け止め効果が期待できる
SPF50	約20時間50分日焼け止め効果が期待できる
	※SPF1×25分で計算

択しましょう。

② パック

パックをすることで一時的に水分蒸発を防ぎ、血液循環を良くするなど肌の新陳代謝を良くします。パックには吸着作用という働きがあり、古い角質や取れにくい汚れなどの老廃物を付着させて取り除き皮膚を洗浄します。

パックには①はがすタイプ（ピールオフタイプ）と②洗い流すタイプがあります。

①はがすタイプ（ピールオフタイプ）

顔に塗りしばらく時間を置くと膜ができ、その膜をはがすことで汚れを取り除くタイプです。パック時に顔が張った感じになります。

②洗い流すタイプ

顔に塗りしばらく時間を置き、水やぬるま湯で洗い流したりふき取ったりして汚れを取り除くタイプです。洗い流すタイプのパックにはさまざまな種類があります。表5-8を参考にして用途に合わ

表5-8 洗い流すパックの種類と特徴

洗い流すパックの種類	特　徴
フォームタイプ	泡状のパックで断熱効果がありパック効果が高い。保湿成分が含まれており使用後はしっとり感があります。
ジェルタイプ	ゼリー状で保湿成分や柔軟剤が含まれています。さっぱりした使用感が特徴です。
ペーストタイプ	粉末，油分，保湿成分が多く含まれています。通常洗い流すタイプですがピールオフタイプもあります。
クリームタイプ	クリーム状でのびやすく塗りやすい。保湿剤が多く含まれているため保湿効果が高いタイプです。
クレイタイプ	水でといて使用します。主成分のカオリンは皮脂などの汚れを吸着する力が高いという特徴があります。

せて使用しましょう。

3　フェイス・リンパドレナージュ

現代はストレスや紫外線，大気汚染などの生活環境の悪化，脂質や添加物の多い食生活など生活習慣の悪化にともない肌はダメージを受けていると言われています。

フェイス・リンパドレナージュのドレナージュとは排出，排水などの意味があります。リンパ管は静脈に沿って全身に巡っています。リンパ管にはリンパ液が流れていて，老廃物を回収し運搬するのを促したり，免疫力によって身体を病気から守ってくれる働きをしています。

首や鎖骨，脇の下などにはリンパ節があり，ここで浄化されたリンパ液が再び全身に廻っていきます。リンパ液が流れるリンパ循環系は，毛細リンパ管，リンパ管，リンパ節，胸管，右リンパ本幹か

ら成り立っています。リンパ液やリンパ管，リンパ節を総称してリンパと呼んでいますが，心臓のようなポンプをもたないためリンパの流れはとてもゆるやかです。疲労などで流れが悪くなると，老廃物や余分な水分などが身体のあちらこちらに溜まり，むくみやくすみ肌などさまざまな美容上のトラブルも引き起こします。

　地球に住んでいるかぎり私たちは重力に逆らうことはできません。朝起きて1日を過ごして夜になる頃には，老廃物が下に滞ってしまいます。夕方足がむくんで靴がきつく感じたことはありませんか。顔も同じです。就職活動で1日動いていると，朝はハリのある顔でハツラツとした印象だったのに，夜には顔がむくんだり肌がくすんでしまっている経験はないでしょうか。むくみやくすみが生じると疲れた印象になります。そのようなときはフェイス・リンパドレナージュを行い，健康的な肌で面接試験を突破しましょう。

■フェイス・リンパドレナージュの方法

　121ページの「フェイス・リンパドレナージュの順番」および122ページ「顔のツボ」の写真を参考にしながら，以下の手順で行います。

　①首を上から下にマッサージします。

　a，b，c，dの順番で左側の首から，右手→左手→右手→左手の手のひらで撫で下ろします。a～dまでを2セット行います。

　②フェイスラインを左から手のひらで撫で上げます。e～fを左，右と交互に2セット行います。

　③人差し指と中指で唇の上下をはさみ，左手からリフトアップするように引き上げていきます。g～hを左，右と交互に2セット行

い地倉を中指でプッシュします。

　④頬を引き上げて太陽を中指でプッシュします。太陽を押すことで目の疲れを取り，目力をアップさせて目を大きく見せる効果が期待できます。

　⑤太陽(i)から中指で目の下を通り攢竹(j)をプッシュします。目の周りは身体の中で一番皮膚が薄いので強く刺激しないように注意して下さい。

　⑥額の中央から人差し指，中指，薬指の3本の指で大きくらせんを描くようにマッサージして，再び太陽をプッシュします。最後に中指で目窓をプッシュ。目窓は眼精疲労に効果があるとされています。

　フェイス・リンパドレナージュは，リンパの流れに沿って顔にたまった老廃物の排出を促進させていきます。好印象を得るために明るく健康的な肌は必須です。フェイス・リンパドレナージュで顔のむくみやたるみ，クマ，くすみなどを解消して，イキイキとした健康的な肌を目指します。

第5章 スキンケアの基礎知識

■フェイス・リンパドレナージュの順番

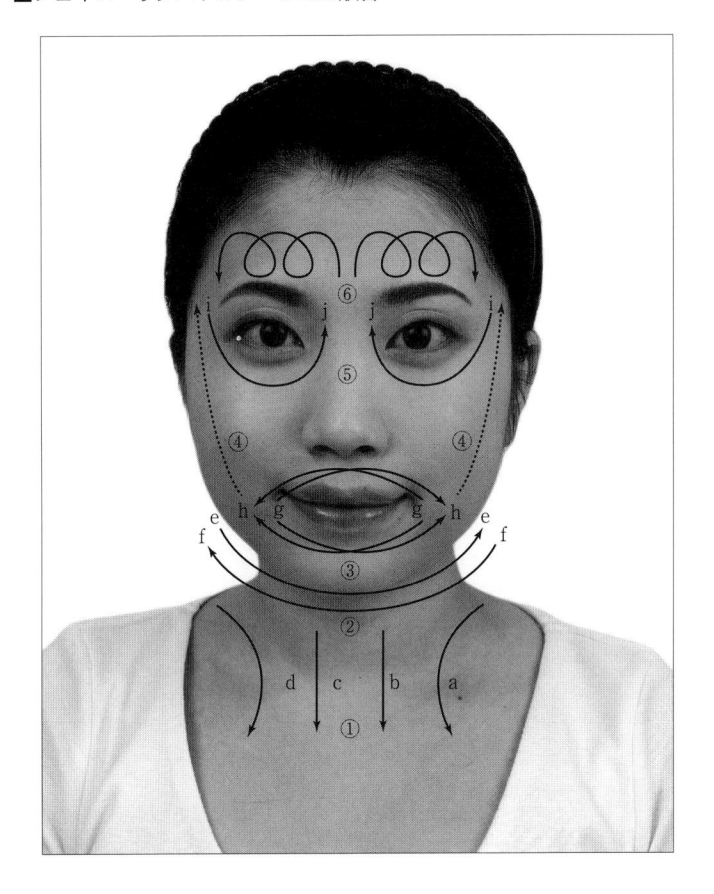

■顔のツボ

①地倉（ちそう）：口角の両端外側。血行を促進して肌の乾燥を防ぎうるおいを与えます。
②太陽（たいよう）：こめかみの中央の部分です。眼精疲労に効果を発揮し目をすっきりさせます。顔のむくみにも効果があるとされています。
③攅竹（さんちく）：左右の眉頭のくぼんだところ。ストレスやイライラの解消に役立ちます。
④目窓（もくそう）：左右の瞳の延長線上で額の生え際より指1本分（約2センチ）ほど上の部分です。目の疲れを解消し大きく見せる効果があるとされています。

④ ハンドマッサージ

　手や腕はたいへん疲れがたまりやすい箇所です。手や腕の疲れが肩こりを引き起こしている場合もあります。こまめにケアして疲れをためないようにしましょう。

　ハンドマッサージはリンパの流れを促し新陳代謝を活発にします。手や腕のコリや疲れを軽減するほかリラクゼーション効果も期待できます。マッサージと同時にツボを刺激することで相乗効果となります。手や腕には美容に効果のあるツボもあるので面接試験の前にぜひ試してみて下さい。さらに指先をマッサージすることで爪の生育を促す効果もあります。124ページの手のツボ・腕のツボを参考にハンドマッサージを始めてみましょう。

①マッサージオイルを手，腕全体に塗布し，手の甲から上腕までを数回撫でます。(左手から)
②手の甲の骨と骨の間をもう片方の親指でさすります（人差し指に近いほうから順番に）。
③合谷→労宮のツボをプッシュ。
④親指から順番にもう片方の親指で根元から指先に向かってらせん状に円を描くようにマッサージ。
⑤再び手の甲から上腕までを数回撫で，手三里のツボをプッシュします。
⑥反対の手，腕も同様にマッサージを行います。

■手のツボ・腕のツボ

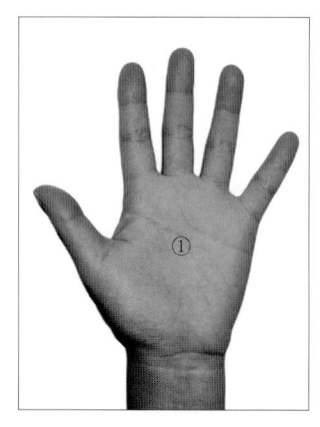

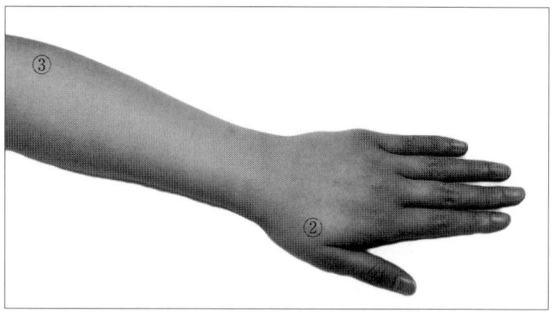

①労宮（ろうきゅう）：手のひらの真ん中の部分です。イライラや緊張をほぐすとされています。
②合谷（ごうこく）：親指と人差し指の間のくぼみ。むくんだり腫れぼったくなった目がすっきりします。
③手三里（てさんり）：肘を曲げたときにできる横ジワの端から指3本ぐらい外側の下。手や腕の疲れ，リラックス効果などが期待できます。

第5章　スキンケアの基礎知識

⑤　ネイルケア

爪は健康な人で1日約0.1ミリ伸びると言われています。爪は健康のバロメーターと言われるように身体の状態が表れる場所であり、手先は意外と人から見られているところです。手入れの行き届いた爪は健康的で好印象を与えます。面接試験に派手なカラーやラメ入りのネイルはふさわしくありません。何もつけないか透明のネイルカラーが良いでしょう。また長い爪もふさわしくありません。長い爪はエメリーボード（爪用やすり）を使用して短く整えます。このときエメリーボードを往復がけせずに一方向だけに動かして長さや形を整えましょう。手のひら側から見て指先から爪が見えない長さにそろえます。ただし深爪はがさつな印象になるので短すぎにも注意が必要です。

爪は12〜16パーセントの水分を含んでいますが、冬の乾燥した時期や環境、年齢によって少なくなる場合もあります。爪は皮膚の角質層が変化してできた皮膚の付属機関でケラチンというタンパク質からできており、神経や血管が集中する指先を守っています。皮膚は細胞が徐々に上に押し上げられて形を変えながら、最終的には角質層で垢となって剥がれ落ちますが、爪は皮膚とは違う角質層を変化させてネイルプレートを形成しています。ネイルプレートは形成されるときから角質化しています。図5-3に爪の各部の名称を示しておきます。

爪のケアは意外と見すごしてしまいがちです。手が荒れたり爪まわりのささくれなどがないか面接前に確認しましょう。乾燥している場合は爪専用のオイルを使用したりハンドマッサージで血行を良くするなど、しっかりと保湿をするよう心がけましょう。

ネイル用化粧品およびネイルカラー（カラーポリッシュ）の種類と特徴を表にまとめました（表5-9, 5-10）。

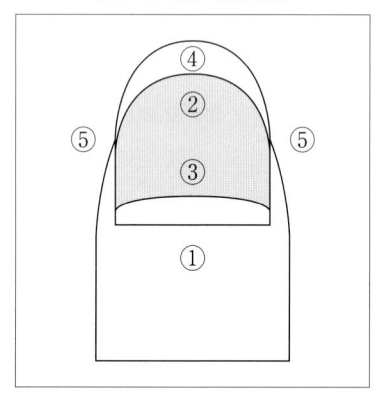

図5-3　爪の各部名称

①ネイルマトリクス：爪を形成している部分。血管や神経があります。
②ネイルベッド：爪が乗っている土台。
③ネイルプレート：爪と呼ばれる部分で厚さは0.3〜0.5ミリ程度。ケラチンというタンパク質から形成されています。
④フリーエッジ：爪がネイルベッドから離れた不透明な部分。水分量が減少するため不透明に見えます。
⑤ストレスポイント：フリーエッジがネイルベッドから離れた両端。衝撃を受けやすく割れやすい部分です。

表5-9　ネイル用化粧品の種類と特徴

ネイル用化粧品の種類	特　　徴
ベースコート	爪を保護しネイルカラーをはがれにくく発色を良くする働きがあります。
ネイルカラー	さまざまな色や質感で爪を美しく見せます。カラーポリッシュとも呼ばれます。
トップコート	仕上げに使用しネイルカラーの色モチを良くします。

表5-10 ネイルカラーの種類と特徴

ネイルカラーの種類	特徴
マット系	不透明な仕上がりです。
パール系	真珠のような光沢のある仕上がりです。
グリッター系	ラメがちりばめられている仕上がりです。
クリア系	透明感がある仕上がりです。

Beauty Column III
さまざまな場でのメイクの活用

　臨床の場では顔に外傷や疾患を有する患者を対象として容貌の損傷が自己評価と直接関連することに着目し，メイクを導入することで患者の心理面の改善やQOLなどを高めることを目的としたものがあります。あざやきずあとなどに対する専門技術により患者に対して適切なメイクを施し，他者からの肯定的な評価や本人の満足を得ることで治療効果を図るものです。

　このような対象とは別にうつ病や統合失調症，神経性食欲不振症，老年性認知症などの，顔に外傷や疾病を生じていない患者に対して援助として行っているメイクがあります。これは直接的にあざやきずあとなどをメイクで修復するという目的で行うのとは違い，メイクにより自己イメージや自己評価を回復させ心理面の改善を図り治療効果を得ることを目的としています。

　また，がんなどの患者に対してメイクを導入する試みも行われています。これまでがんの患者に対しては外見の問題が重要視されていませんでした。しかし近年ではQOLの尊重や治療形態の変化に伴い医療側の認識の変化が見られ，外見のケアに取り組む病院も現れています（野澤 2004）。

　臨床研究の効果により日本でも少しずつメイクを取り入れたケア活動が増えてきましたが，欧米では以前から患者の心身のリハビリテーションの一環として，医療や福祉の領域での実践活動が盛んに行われていました。このような活動にはイギリスの英国赤十字社やアメリカのLook Good…Feel Better（LGFB活動）などが広く知られています。またフランスでは精神病院をはじめ，女子刑務所や依存症更生施設などでソシオエステティックと呼ばれる美容プログラムが国家資格をもつエステティシャンによって行われています（野澤 2004）。

第6章

ヘアスタイリングの基礎知識

1 ヘアスタイリングに必要な準備物

　外見印象に影響を与えるのはメイクだけではありません。面接試験で好印象を得るためにはヘアスタイルも大切な要素です。ヘアスタイリングにはヘア用化粧品とヘア道具が必要です。ヘアスタイリングを始める前に必要な準備物をそろえましょう。

■必要なヘア用化粧品とヘア道具の一例

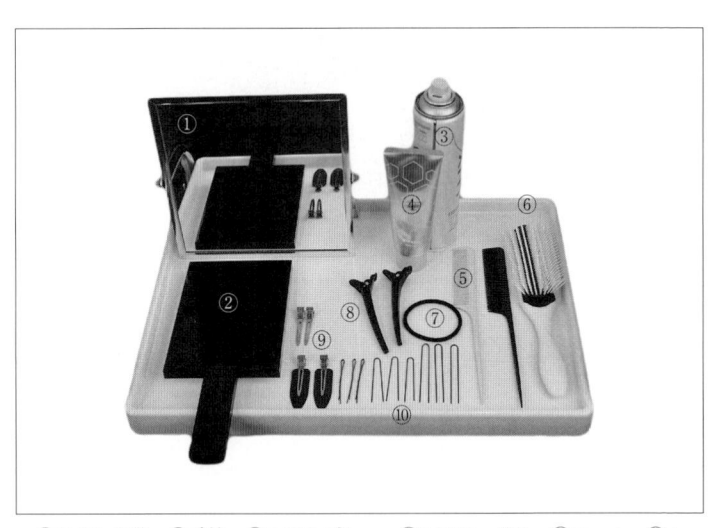

①スタンド鏡　②手鏡　③ヘアスプレー　④ヘアワックス　⑤コーム　⑥ヘア用ブラシ　⑦ヘアゴム　⑧ダッカールピン　⑨シングルピン（写真では2種類）　⑩ヘアピン類（アメリカピン，オニピン，ネジピン）
　　※ヘア道具の説明は，巻末の美容・基本用語集を参照して下さい。

第6章　ヘアスタイリングの基礎知識

2　頭部のポイント

髪を分けたり，結んだりするときのポイントとなる点を把握するとヘアスタイリングがしやすくなります。また頭には疲れをいやすツボがあります。

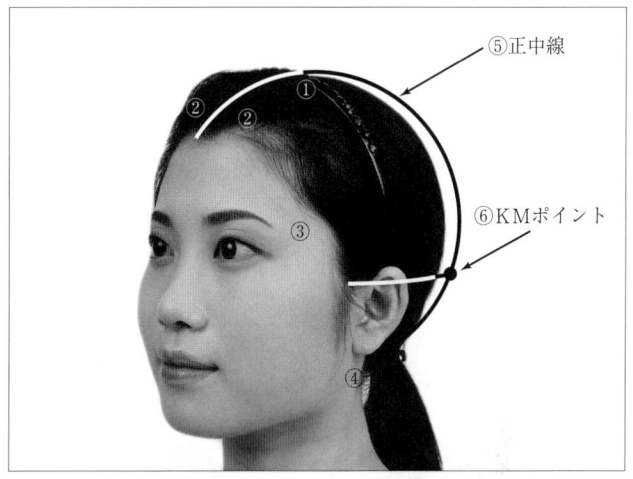

①百会（ひゃくえ）：頭のてっぺん。万能のツボです。頭の疲れを緩和する働きもあります。就職活動で疲れた心身をリフレッシュします。
②目窓（もくそう）：左右の瞳の延長線上で額の生え際より指1本分（約2センチ）ほど上の部分。目の疲れを解消し大きく見せる効果が期待できます。
③太陽（たいよう）：こめかみの中央部分です。眼精疲労に効果を発揮し目をすっきりさせたり，顔のむくみにも効果があるとされています。
④天ゆう（てんゆう）：耳たぶの後ろの骨の後ろ下。全身のリンパの流れを促進し肩こりや頭痛を解消したり，顔色を明るくする効果も期待できます。
⑤正中線（せいちゅうせん）：額から襟足まで頭を左右対象に分けた線。
⑥KMポイント（好印象結びポイント）：左右の耳の上の付け根を頭の後ろで結んだ線と正中線が交わったポイント。

3 ヘアスタイルと外見印象

1 髪を結ぶ位置

顔の印象は髪を結ぶ位置でも変わります。一つにまとめる場合，結ぶ高さも重要です。高すぎると幼い印象になるので注意しましょう。

① 耳の上の付け根の高さ

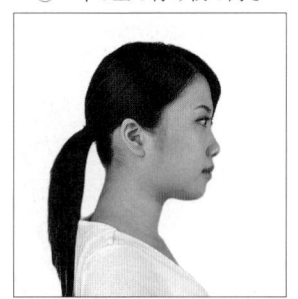

② 高い位置 　　　　　　　　③ 低い位置

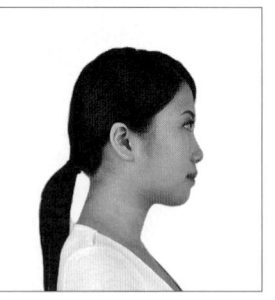

①耳の上の付け根とほぼ同じ位置で結ぶと清楚な印象になります。就職活動の際はこの位置（KMポイント）で結ぶとよいでしょう。
②耳の上の付け根より高い位置で結ぶと幼い印象になります。
③耳の上の付け根より低い位置で結ぶとおとなしい印象になります。

第6章 ヘアスタイリングの基礎知識

② 髪の分け方

顔の印象は髪の分け方で変わります。下記の写真を比べてみて下さい。①は真ん中分け,②は横分けです。②の方がより顔がすっきりと上品に見えます。

さらに額が半分以上隠れると暗い印象になりますので,前髪が眉尻の端にくるように分けると清楚で明るい表情に見えます。

① 真ん中分け　　　　　　　② 横分け

4　ヘアスタイリング剤の種類と特徴

ヘアスタイルは特に清潔感が表れるところです。就活ヘアでは乱れがないようにきちんとまとめることが重要です。髪を結んでいる場合でも後れ毛が出ないように気をつける必要がありますし,また前髪が長い人はお辞儀の度に髪をかき上げることのないように,ヘアスタイリング剤でしっかりとまとめておく必要があります。

表6-1 ヘアスタイリング剤の種類と特徴

ヘアスタイリング剤の種類		特　徴
形状	ヘアスプレー	エアゾール状のスタイリング剤でヘアスタイルを保つために用いられます。
	ヘアワックス	油性のスタイリング剤でべたつきがあります。
	ヘアムース	泡状のスタイリング剤でヘアスタイリングとトリートメント両方の効果があります。
	ヘアジェル	水溶性のゼリー状スタイリング剤で脂っぽさがなくべたつきが少ないタイプです。
使用感	ソフトタイプ	ふんわりとあまり固めずにまとめることができるタイプ。巻き髪などの形づくりに使用します。
	ハードタイプ	きちんと固めてまとめることができるタイプ。思い通りの髪型にセットできます。

5　ヘアスタイリング法

① ロングヘアのスタイリング法

■ひとつ結び

　ひとつ結びは最も一般的なまとめ髪ですが，まとめる位置によって印象が異なります。

　就職活動ではリクルートスーツに似合った高さで結ぶことが大切です。高すぎると幼い印象に，低すぎると暗い印象になりますので，耳の高さで結ぶよう気をつけましょう（→132ページの写真参照）。

　①髪全体にヘアワックスをつけます。

　②襟足がたるまないように髪を上げていきます。

③まとめた髪を一つに結びます。
④フェイス周りの髪をヘアスタイリング剤でおさえてすっきりとさせます。
⑤前髪は横に分けてヘアスプレーで軽く固めます。

■シニヨン

　長い髪を一つに束ねまとめた髪型をシニヨンといいます。シニヨンもまとめる位置によって印象が異なります。
　シニヨンも耳の高さでまとめるとリクルートスーツに似合います。高すぎ，低すぎに注意しましょう。
①髪全体にヘアワックスをつけます。
②襟足がたるまないようにしながら髪を一つに結びます。
③結んだ毛束を毛先までクルクルとねじります。
④ねじった毛束を結んだヘアゴムのまわりに巻きつけます。
⑤巻きつけた毛先が表から見えないよう気をつけてアメリカピンで留めます。
⑥フェイス周りの髪をヘアスタイリング剤でおさえてすっきりとさせます。
⑦前髪は横に分けてヘアスプレーで軽く固めます。

■夜会巻き

　ビューティアドバイザーやエステティシャンなどの就職活動では夜会巻きをする機会が多くなります。夜会巻きは適度な高さと大きさにすることが重要です。
①髪全体をホットカーラーで巻いておきます。

②ホットカーラーが冷えてから外し，髪全体に軽くヘアスタイリング剤をつけます。

③バランスを見てトップの部分の髪を分けとりダッカールピンでまとめておきます。

④下の髪をひとつ結びの要領で高い位置で一つにまとめます。

⑤一つにまとめた毛束を軽く三つ編みにしてヘアゴムに巻きつけ根にします。このとき平たく巻きつけるのがポイントです。

⑥トップの部分に逆毛を立てて毛先をねじり，三つ編みの根の部分にかぶせてアメリカピンで留めます。

⑦ねじった毛先は根の部分に入れ，表から見えないようにアメリカピンかネジピンで留めておきます。

⑧フェイス周りの髪をヘアスタイリング剤でおさえてすっきりとさせます。

⑨前髪は横に分けてヘアスプレーで軽く固めます。

■ハーフアップ

後ろの髪を半分下ろしたヘアスタイルをハーフアップと言います。ハーフアップは後れ毛が出ないように耳から上をすっきりとまとめます。

①あらかじめヘアアイロンで毛先をワンカールしておきます。

②髪全体にヘアスタイリング剤をつけます。

③耳の上ラインで髪を分けとります。

④分けた部分の表面をコームでとかしヘアゴムで結びます。

⑤結んだ毛束の一部を少しとってヘアスタイリング剤をなじませます。

第6章 ヘアスタイリングの基礎知識

⑥結んだヘアゴムの部分に巻いていきます。

⑦巻きつけた毛先をアメリカピンで結び目の裏で見えないように留めます。

⑧フェイス周りの髪をヘアスタイリング剤でおさえてすっきりとさせます。

⑨前髪は横に分けてヘアスプレーで軽く固めます。

| ひとつ結び | シニヨン | 夜会巻き | ハーフアップ |

2　ミディアム，ショートヘアのスタイリング法

■ミディアムヘア

　髪を一つに結ぶことができない長さのミディアムヘアの人は，顔に髪がかからないようなヘアスタイリングにしましょう。耳の横の髪を上げてフェイスラインをすっきり出すと明るい印象になります。前髪は横に分けて額を出します。軽くヘアスプレーをして乱れないようにしましょう。

①髪をヘア用ブラシでとかします。

②耳の横の髪を少しとってねじります。

③耳の後ろでねじった毛束をアメリカピンで留めます。

④耳の横の髪にヘアスプレーをして固めます。

⑤前髪は横に分けてヘアスプレーで軽く固めます。

■ショートヘア

ショートヘアの人も顔に髪がかからないようにヘアスタイリングします。また髪が耳にかからないようサイドの髪もヘアスプレーなどで固めましょう。額を出すと明るい印象になります。中途半端の長さの前髪をピンで留めているのを見かけますが，これは印象が良くありません。前髪は横に分けて額を出し軽くヘアスプレーをして乱れないようにしましょう。

①軽くブラッシングします。

②顔に髪がかからないようコームで髪を後ろにとかします。

③前髪は横に分けてヘアスプレーで軽く固めます。

ミディアムヘア　　ショートヘア

6　スキャルプケアの方法

スキャルプ（頭皮）は皮膚の延長で，身体から1枚の皮膚でつながっています。頭皮も顔や身体と同様に外部からの刺激やストレス

第6章　ヘアスタイリングの基礎知識

等により硬くなったりむくんだりします。髪にとって頭皮はベースになる大切なものです。頭皮の状態が良くないと美しい髪は育ちません。

　1日の抜け毛は平均約50～100本と言われています。この程度の抜け毛は自然な生理現象と言われていますが，急に抜け毛が増えたり，抜けた毛が異常に細い場合は要注意です。ストレスやホルモンバランスの乱れなどが考えられます。

　特に春から夏にかけて髪は強いダメージを受けやすくなります。皮脂分泌が盛んになり老廃物が毛穴を塞ぎやすくなるほか，髪が強い紫外線にさらされると乾燥がはげしくなることもあります。その結果，髪に栄養が行き渡らず傷んだ髪の内部から髪を構成するアミノ酸が流出しハリやツヤがなくなり，新しく生まれてくる髪の成長を阻止してしまいます。

　つややかな髪は健康的な印象をもたらします。エッセンシャルオイル（精油）を利用したアロマのヘッドマッサージオイルで毎日のヘアケアにスキャルプケアをプラスして美しく健やかな髪を保ちましょう。

■ヘッドマッサージオイルの作り方
　①ビーカーに椿油25ミリリットルを入れる。
　②エッセンシャルオイルを3滴加える（エッセンシャルオイルについては，141ページおよび本章末のBeauty Column Ⅳで後述します）。
　③竹串でよく混ぜ合わせ，遮光性のガラスビンに移す。

［使用の注意］

必ずパッチテスト（→144ページ参照）を行い異常がないか確認後，使用して下さい。

作成日を記入し直射日光や高温多湿の場所での保管をさけ，早めに使いきるようにしましょう。

■シャンプー前にヘッドマッサージオイルを使用する方法

①ブラッシング

- からまった髪をほぐし髪全体のほこりや汚れを取り除きます。目の粗いヘア用ブラシを使い毛先からやさしくブラッシングします。

②ストレッチとリンパマッサージ

- 首をゆっくり回します。手をそえて頭を左右に傾けます。

③アロマヘッドオイルで頭皮のマッサージ

- オイルを適量とり，頭皮全体になじませます。
- 手のひらと指で前頭部から後頭部へとゆっくりと移動させながらほぐします。
- 頭皮全体にタッピングしていきます。
- 軽くところどころの髪をひっぱり刺激します。
- 百会，目窓，太陽，天ゆうのツボを刺激します（→131ページ参照）。
- 頭皮全体にゆっくり圧をかけマッサージします。

④オイルの浸透

- オイルマッサージの後はシャワーキャップなどをかぶり10分程度浸透させます。

⑤シャンプー
- シャンプーは手のひらで軽く泡立てて指のハラで地肌をマッサージするように洗います。シャンプー後はしっかりと洗い流し，コンディショナーやトリートメントで仕上げます。

■シャンプー後に使用する方法
①洗髪後，タオルでよく水分を取り除きます。
②ヘッドマッサージオイルを適量手にとり，軽く毛先になじませるように塗布します（適量…髪の量や長さ，ダメージの度合いに合わせて下さい）。
③ドライヤーで髪を乾かします。

■スキャルプ（頭皮）ケアに向くキャリアオイルとエッセンシャルオイル
　キャリアオイルやエッセンシャルオイルの薬理効果にはスキャルプケアに向いているものがあります。ツヤやハリのある髪は健康的な印象を与えます。
【キャリアオイル】
- 椿油／科目：ツバキ科　抽出部位：種子　主要脂肪酸：オレイン酸
　椿油は椿の種子からとれるオイルでオレイン酸を豊富に含むため高い保湿力があり，頭皮には栄養を髪にはツヤを与えてくれます。日本では昔から髪に良いオイルとして知られています。髪を傷める原因にもなる紫外線 UV-B を吸収すると言われています。
【エッセンシャルオイル】
- ローズマリー／科目：シソ科　抽出部位：葉と花
　血行を促す作用や炎症を抑える作用が強く肌を引き締めむくみを

改善します。フケを抑え髪の成長を促す働きもあります（妊娠中，てんかんの方は使用を控えて下さい）。

- ラベンダー／科目：シソ科　抽出部位：葉と花

鎮静作用があり心身をリラックスさせ疲れた心を回復させます。細胞の成長を促し炎症を鎮め皮脂のバランスを整えます。日焼け後のケア，湿疹，脱毛症などに役立ちます。

- パルマローザ／科目：イネ科　抽出部位：葉

殺菌力が強く美肌成分が多く含まれています。皮膚を引き締め肌の弾力性を高める働きがあります。肌の水分と皮脂のバランスを整え皮膚細胞の活性を促すので乾燥肌に向きます。フケを抑える効果もあります（妊娠中の方は使用を控えて下さい）。

- フランキンセンス／科目：カンラン科　抽出部位：樹脂

皮膚にハリを与え傷ついた細胞を修復する働きがあります。収れん作用もあり皮脂のバランスを整えます。

Beauty Column IV
アロマテラピーでリフレッシュ&リラックス

アロマテラピーとは

　就職活動で忙しくしている毎日，緊張感から気分が落ち込んだり焦りが出たり，なにかとストレスを感じるのではないでしょうか。そんなときにはアロマテラピーでリフレッシュ&リラックスをしてみませんか。

　アロマテラピーとはエッセンシャルオイル（精油）の芳香成分を利用して心身の不調をケアしたりリラックスするために行う療法です。

　アロマテラピーでは植物から抽出したエッセンシャルオイルを毎日の生活に役立てます。エッセンシャルオイルは植物の花，葉，果皮，樹皮，根，種子，樹脂などから抽出された100パーセント天然のオイルです。それぞれの植物によって特有の香りと機能をもち，アロマテラピーの基本となるものです。

　キャリアオイルと呼ばれる植物油に混ぜてマッサージオイルとして使用したり，アロマポットで香りを楽しんだりとエッセンシャルオイルにはさまざまな使い方があります。

　1種類のエッセンシャルオイルにも多くの芳香成分が含まれており，その中にさまざまな薬理効果が観察されています。エッセンシャルオイルは，①鼻から直接脳へ，②肺から血液へ，③皮膚から血液やリンパへという経路で心身に働きかけます。数種類のエッセンシャルオイルをブレンドするとさらに有効成分の相乗効果となるほか，香りのハーモニーを楽しむこともできます。

アロマテラピーの歴史

　アロマテラピーという言葉はフランス語の「アロマ（芳香）」と「テラピー（療法）」を掛け合わせた造語です。

　1920年にフランスの科学者ルネ=モーリス・ガットフォセが実験中にやけどを負い，ラベンダーのエッセンシャルオイルできずあとを残さず治癒させ「アロマテラピー」という本にまとめたことから広く知られるようになりました。

　その後フランスの軍医であったジャン・バルネが兵士のきずの治療にエッ

センシャルオイルを使用し臨床結果を本にまとめアロマテラピーの理論が確立されていきました。

エッセンシャルオイル Q&A

◆エッセンシャルオイルの選び方は？

アロマテラピーをはじめるときに，まず必要なのはエッセンシャルオイルです。エッセンシャルオイルを選ぶときは100パーセント天然のオイルを選ばなければなりません。原料植物が有機農法で作られていることも大切です。遮光ビンに入っているもので，原料植物の学名，原産国や抽出部位などが記載されていることを確かめて購入しましょう。

◆エッセンシャルオイルの使い方は？

エッセンシャルオイルは植物の有効成分が凝縮されているため，基本的には原液をそのまま使うことはしません。また飲んでもいけません。キャリアオイルという植物油で希釈して使用します。

キャリアオイルは，スキャルプケアのところで用いた椿油をはじめ，オリーブオイル，ローズヒップオイル，グレープシードオイル，ホホバオイルなどの種類があります。美肌成分や肌触りなどそれぞれに特徴がありますので好みや用途に合わせて選びましょう。

かんきつ系のエッセンシャルオイルには一部光毒性があるものがあります。光毒性や肌に刺激があるエッセンシャルオイルには十分注意しましょう。

◆エッセンシャルオイルはどのぐらいに薄めるの？

エッセンシャルオイルをマッサージオイルなどに使用する場合は1パーセント以下に希釈します。エッセンシャルオイルの1滴は0.05ミリリットルです。使用前には必ずパッチテストを行い異常が出た場合はすぐに使用を中止しましょう。

【エッセンシャルオイルの適量】

キャリアオイル	10 ml	20 ml	30 ml	40 ml
エッセンシャルオイル	2滴以内	4滴以内	6滴以内	8滴以内

【パッチテストの方法】

手作りしたマッサージオイルを腕の内側に数箇所塗っておきます。12時間以上放置して皮膚にトラブルが起こっていないかを確認します。

第7章

業界別ヘアメイク法

1　一般事務／営業事務

　一般事務とは事務作業を全般に行う仕事です。企業や部署によって仕事の内容はさまざまですが，一般的に書類のファイリング作業やデータ入力，電話やメールの対応，郵便物の仕分けなどを行います。また会社に訪問してきた来客の対応も行います。

　ビジネスマナーや気配りができるのはもちろんのこと，ワードやエクセルなどのパソコン能力も必須となります。一般事務は専門的に何かをするのではないため軽く考えられがちですが，会社を運営していくうえでなくてはならない職種です。社内で頼まれた仕事を臨機応変に対応できる能力や，コミュニケーション能力，仕事の速さなどが問われます。

　営業事務とは営業担当者が持ち帰った書類の作成や伝票処理，受注・発注業務のほか，電話やメール，来客の対応といった仕事を行います。一般事務と同様にビジネスマナーや気配りができていることとワード，エクセルなどのパソコン能力に加えて，プレゼンに必要なパワーポイントなどのスキルが求められる場合もあります。

➜清楚で爽やかな印象に

　一般事務はさまざまな部署の人と関わりながら仕事をしなくてはなりません。また会社に訪れる来客の対応も行うため，会社の窓口としてふさわしい印象も必要です。多くの人から感じの良い人だと思われるようなヘアメイクをすることが大切です。

　メイクは透明感を出すように心がけます。肌の透明感はチークで

演出することができます。オレンジ系やピンク系でナチュラルな色を選択し，にっこり笑ったときに一番高くなるところを中心にこめかみに向かってぼかします。濃くなった場合は化粧用スポンジやパウダーパフで押さえて手直しをしましょう。リップの色もオレンジ系かピンク系を選択します。リップペンシルを使用すると口角が上がって見え爽やかな印象になるのでおすすめです。長い髪は一つにまとめ，後れ毛や前髪で顔が隠れないよう注意して清楚な印象を心がけて下さい。爪は短く切ってきちんとケアをしておきましょう。

2　ホテルスタッフ／ブライダルスタッフ

　ホテルスタッフやブライダルスタッフに共通して求められるのはホスピタリティーマインドです。ホスピタリティーとは心のこもったおもてなしのことです。

　ホテルスタッフはホテルの利用客にさまざまなサービスを行う仕事です。フロントでお客様の対応をするフロントクラークやチェックインのお客様を客室まで案内するベルガール，お客様のあらゆるリクエストに対応するコンシェルジュ，そのほか宴会やレストランでの仕事など多岐に渡っています。

　ブライダルでは最高の結婚式にするためプランを考えるブライダルプランナーや新郎新婦の衣装やヘアメイクを提案するコスチュームアドバイザーなどの仕事があります。

　ホテルスタッフやブライダルスタッフには接客マナーと細やかな気配りができることが必須です。クライアントの高度な要求に的確に応えることができる能力や，常に受け手側がどのようなものを求

めているか敏感に受け取れる感性も必要とされます。

➔おだやかで気が利く印象に

　人を寄せ付けない雰囲気ではホテルスタッフやブライダルスタッフは務まりません。どんなことでも親身に相談にのってくれるような，おだやかで気が利く印象が重要です。

　ファンデーションは肌の色に合わせて選択し，接客の仕事なのでアイシャドゥやチーク，リップの色が暗くならないよう気をつけましょう。特に眉の印象は顔の印象に大きく影響します。眉山が高すぎると人を寄せ付けない印象になってしまいます。またまっすぐで上昇した眉や細い眉の形は攻撃的に見えます。逆に下がった眉は頼りない印象になりますので，眉を描くときに眉山の高さと形に注意しましょう。髪の色は7号*を基本に長い髪は後ろで一つにまとめます。その際に後れ毛が出ないようにしましょう。ホテルやブライダルスタッフを目指す人は指先まで行き届いた身だしなみが必要です。爪はきちんとケアして透明のネイルカラーで仕上げましょう。外資系を目指す人は薄いピンクなどのナチュラルなネイルカラーを使用するとよいでしょう。

3　エアライン系

　エアラインにはキャビンアテンダントやグランドスタッフなどの仕事があります。キャビンアテンダントもグランドスタッフも各航空会社を代表する顔となる仕事です。

　キャビンアテンダントは機内で乗客が安全に快適に過ごせるよう

サービスをする仕事です。キャビンアテンダントというと乗客に食事や飲みものをサービスする業務と思いがちですが仕事はそれだけではありません。離着陸時の安全性の確認や緊急時の対応，急病人の処置など乗客の安全を守るための保安業務も大切な仕事です。そのほか機内への案内や清掃なども行っています。

グランドスタッフは乗客が飛行機に搭乗するまでのさまざまな業務を行っています。空港のチェックインカウンターでの業務，搭乗ゲイトでの業務のほか，出発便のコントロール業務やバゲージのトラブルなどの対応も行っています。空港内で多くの乗客と接する仕事なのでコミュニケーション能力や接客能力が求められます。広い空港内を移動することもあるので体力も必要です。

➡親しみやすく女性らしい印象に

キャビンアテンダントやグランドスタッフは空港や機内でさまざまな年齢の人と接するため親しみやすい雰囲気が重要です。体力勝負なので元気な印象も必要です。

親しみやすい印象はやさしい目元と上がった口角がポイントです。目元は明るめのアイシャドゥを使用しアイラインで強調しすぎないよう注意しましょう。チークはオレンジ系で元気さをアピールします。口元は明るさと適度なツヤを出しましょう。眉はやや曲線的に描いて女性らしさを出します。髪の色は6号*より明るくならないように注意します。長い髪はシニヨンなどにしてすっきりと一つにまとめると良いでしょう。前髪は横分けにしてお辞儀をしても乱れることがないようヘアスプレーやヘアワックスでしっかりと固めます。長い爪はきちんと整え，透明または薄いピンク色などのナチュラル

なネイルカラーで仕上げましょう。

4　金融系

　金融は銀行や信用金庫，証券会社，保険会社などでの仕事です。
　銀行や信用金庫の重要な業務は，会社や顧客からお金を預かる預金業務，会社や顧客にお金を貸し出す貸付業務，送金やお金の受け取りを行う為替業務です。顧客に金融サービスを提供し個人の暮らしと経済の安定を支える仕事です。
　証券会社では主に証券の売買に関わる業務を行っています。営業担当者をアシスタントする業務やトレーダー，アナリストのアシスタント業務，窓口業務などを行います。
　保険会社では保険商品の販売にともなう契約書の作成や顧客への説明，事故が起こった際の対応，書類のファイリング作業，営業業務などを行います。
　金融関係の仕事は金銭を取り扱うため慎重さや正確さが求められます。また信頼できる印象が大切です。多くの顧客と接するので高いコミュニケーション能力が求められる仕事です。

➡誠実で信頼感のある印象に
　金融系の仕事を目指す人は誠実さと信頼感のある印象が大切です。
　印象形成に眉の形は重要なポイントです。下がった眉や丸みを帯びた眉は幼く見えます。信頼感が必要な金融系の仕事を目指す人はストレート眉にするとよいでしょう。またポイントメイクが濃くなると派手な印象になり誠実さや信頼感が薄れます。基本の就活メイ

クを参考に，アイメイクの色はベージュ系などを使用して落ち着いた印象にしましょう。チークやリップには明るく元気な印象を与えるオレンジ系の色を控えめに使用します。髪は顔にかからないようにすっきりとまとめます。ショートカットの人は髪が耳にかからないよう注意して下さい。爪は短く切ってきちんとケアをしておきましょう。

5　ビューティ系

　ビューティ系の仕事にはビューティアドバイザーやヘアメイクアーティスト，美容師，エステティシャンといった仕事があります。

　ビューティアドバイザーはデパートやバラエティショップ，薬局などの美容カウンターで，お客様の肌の状態を診断しながら悩みや希望に合わせて最適な化粧品を提案することが主な仕事です。

　ヘアメイクアーティストは映画や雑誌，ＴＶなどのメディア関連，ファッションショーなどで出演者にメイクを施す仕事です。通常ヘアメイク事務所にアシスタントとして就職し仕事を覚えていきます。

　美容師はカットやカラー，パーマ，シャンプー，ブロー，ヘアセットなどを行いヘアスタイルを整える仕事です。サロンによっては着付やメイク，ネイルなどの施術を行うところもあります。またまつ毛パーマやアイブロウサロンで眉カットなどを行います。美容室へアシスタントとして入社し技術を身につけながらスタイリストとしてデビューを目指します。

　エステティシャンはエステティックサロンでフェイシャル，ボディ，脱毛などの施術をハンドマッサージや美容機器を使用して行

う仕事です。

➡華やかで頼りがいのある印象に

　他の仕事と比べるとビューティアドバイザーを目指す人のメイクは多少しっかりめでも大丈夫ですが、あくまでも面接という場ですので濃くなりすぎに注意しましょう。肌トラブルがないよう日頃のお手入れも重要になります。面接当日はファンデーションやコンシーラで念入りな肌作りが必要です。またメイク崩れには注意しなくてはなりません。髪型は夜会巻きで華やかなイメージを演出します。

　ヘアメイクアーティストや美容師を目指す人は私服での面接を指定されることもあります。その場合自分の個性をいかしながらも上品で清潔感のあるヘアメイクを心がけましょう。またネイルカラーも面接という場を考えて透明か薄い色を選択しましょう。

　エステティシャンを目指す方のヘアメイクは特に清潔感が大切です。メイクは濃くならないよう気をつけ、夜会巻きも華やかになりすぎないようにします。爪は短く切って整えておきましょう。

6　医療／福祉

　医療や福祉の仕事と一口に言っても、さまざまな職種があります。たとえば経営部門では医療事務や医療秘書、社会福祉士、精神保健福祉士、診療技術部門では薬剤師や理学療法士、作業療法士、看護部門では看護師など、診療部門では医師や歯科医師などです。

　病院という意味のホスピタルはホテルと同じ語源であることはよ

く知られています。ホスピタリスという手厚くもてなすというラテン語からホスピタリティーという言葉が生まれ，そこから派生してホスピタルやホテルになったと言われています。

今や病院も選ばれる時代です。いくら優秀なスタッフがいても最新の医療器具をそろえていても患者さんに選んでいただけるとは限りません。病院を利用する患者さんにとって満足できる療養生活が送れるように，ホスピタリティーの対応が必要になります。

病院や施設には身体的や精神的に病をもたれている方がいらっしゃる場所です。スタッフの第一印象が患者さんやご家族の安心感や信頼感につながります。またその印象が病院全体の印象となりますので外見印象には特に気をつけなければなりません。

➔清潔感のある印象に

医療や福祉の仕事を目指す人は清潔感が最も重要です。メイクや髪型が華美にならないよう気をつけることも大切です。

不健康な顔色は不潔な印象を与えます。ファンデーションや口紅の色，チークの色に気を配り明るい顔色を心がけて下さい。ツヤのまったくない口紅は若々しさが減少します。またナチュラルな色だと思って使用した薄い肌色の口紅は顔色を悪く見せるので注意して下さい。髪はすっきりとまとめ顔に髪がかからないようにして清潔感のある印象に仕上げます。7号*より明るくならないよう髪の色にも注意しましょう。また素顔で面接試験に臨むのはマナー違反ですので気をつけましょう。

7 教育／保育

　教員の仕事には幼稚園教諭や小学校教師，中学校教師，高等学校教師などがあります。幼稚園教諭は満3歳から小学校入学までの子供に対して運動や音楽，遊びを通して教育を行います。小学校，中学校，高校での教員の主な仕事は教科の指導です。そのほか生徒指導や進路指導，部活動の指導なども行います。

　保育士は保育所等で預かった子供の身の回りの世話をします。また子供が安全に過ごせるよう配慮しながら基本的な生活習慣を身につけたり，遊びを通して心身がすこやかに成長することを手助けしたり保護者の支援なども行います。女性の社会進出が加速され共働きの世帯が増えてきたことから，保育所に入れない待機児童が増加しています。保育ニーズも多様化しており，さまざまなニーズに対応できる保育士が求められています。

　保育や教育はいずれの仕事も人が成長していく姿にやりがいを感じられる仕事です。

➔明るく快活な印象に

　保育や教職を目指す人には明るく快活な印象が必要です。ベースメイクはナチュラルで明るく透明感が出るように仕上げます。ポイントメイクのカラーはオレンジ系などの暖色系を選択すると明るく快活な印象に見えます。目元のメイクは濃くなるときつい印象になるので控えめにして，チークやリップで顔全体の明るさを出します。口紅は肌色に近い色や暗い色は避け，顔が明るく見えるナチュラル

なピンクやオレンジ色を選択します。また適度なツヤは明るく快活な印象になりますので適度にリップグロスを使用するのもおすすめです。またリップペンシルは唇の形を補正するのに役立ちます。口角が下がって見えると暗い印象になるので，リップペンシルで口角の上下の端を内側でつなげて描きましょう。口元がほほ笑んだように見え明るい印象になります。髪はすっきりと一つにまとめるか，ハーフアップもおすすめです。長い爪は短く切ってきちんとケアをしておきましょう。

＊本文中の髪の色は，NPO 法人日本ヘアカラー協会が示すレベルスケールを参考にしています。

Beauty Column V
就活の疲れをいやすアロマテラピー活用法

　疲れた心と身体をいやすアロマテラピーにはさまざまな活用法があります。アロマポットで芳香浴をしたり，マッサージに利用したり，またフットバスやハンドバス，お風呂での半身浴や全身浴などに使用します。

　全身の疲れや足の疲れ，手の冷えなどを楽にしてくれるフットバスやハンドバス，全身浴，半身浴は就職活動の合間に手軽にできておすすめです。鼻から香りを楽しむ芳香浴の効果とエッセンシャルオイル（精油）が皮膚から浸透する効果で心と身体がリラックスできます。ぜひ試してみて下さい。

◆フットバス

　1日中歩き疲れた足はフットバスであたためて血行を良くします。冷えやむくみ，だるさが解消され代謝も良くなります。深めの洗面器などに40〜43度の少し熱めのお湯を入れます。エッセンシャルオイルを3滴まで加え10〜15分つかります。

◆ハンドバス

　手の疲れや肩こり，手荒れなどにはハンドバスがおすすめです。大きめの洗面器などに40度のお湯を入れエッセンシャルオイルを3滴まで加えます。手首から先を5〜10分つけます。

◆全身浴

　お湯を張った浴槽の中にエッセンシャルオイルを5滴まで加えます。肩までゆっくりつかって全身の疲れをいやしましょう。

　※家族と共同のお風呂での使用は家族の体調などに注意して下さい。

◆半身浴

　肩までお湯につかる全身浴に対して心臓の下までつかるのが半身浴です。半身浴は浴槽に38度ぐらいのぬるめのお湯を張りエッセンシャルオイルを3滴まで入れます。20分から30分くらいゆっくりつかります。上半身が冷えないよう肩からバスタオルなどを掛けておきます。

第8章

好印象の面接マナーテクニック

1　面接試験とは

　面接試験は志願者と採用側が面談をして，お互いに相手を見極める場として大変重要です。志願者にとっては自分が希望する職場が就職後やりがいを感じて働けるかどうかを判断できる場となりますし，採用側は志願者が有益な人材となるかどうかを判断する場となります。内定を出すまでに数回の面接試験を行っていますが，志願者の人物を見極める上で面接に大きなウエイトを置いています。

2　面接の種類

- 個人面接

　志願者1名に対して面接官が1名から数名で行う面接形式です。採用側が事前に準備した質問項目について志願者が答える場合と面接官と会話をしながら人物評価をする場合などがあります。

- グループ面接

　複数の志願者と面接官が1名から数名で行う面接形式です。一次面接などの早い段階で行われる面接で志願者に同一の質問が投げかけられます。一人ひとりに与えられた時間が短いため，質問内容を的確に把握し簡潔に答える能力が求められます。

- グループディスカッション

　複数の志願者が出題されたテーマに沿ってリーダー役，書記，タイムキーパー，発表者など役割を決めて議論を行う形式です。協調性や考え方，性格などが吟味されます。近年では取り入れるケース

が増えています。

• ディベート

あるテーマに関して志願者が賛成派グループと反対派グループに分かれて議論をする形式です。近年では取り入れるケースが増えています。

• プレゼンテーション

志願者1名に対して面接官が1名から数名で，出題されたテーマについて企画や商品説明を行う形式です。時間内で論理的に説明をする能力が求められます。

3 面接日の流れ

面接当日は緊張のあまり普段にはないような些細なミスも起こしがちです。大切な面接試験であわてないためにあらかじめ面接日の流れを知っておくことは重要です。

面接試験では自己PRや質問の受け答えだけで判断されるわけではありません。面接会場に一歩足を踏み入れたときから行動すべてがチェックされています。あなたのなにげない行動や振る舞いがマナー違反と捉えられ印象を悪くしてしまうかもしれません。すべてが当てはまるわけではありませんが，大多数が同様の流れで面接を進めていますので，次のページにある面接日の流れを参考に頭の中でシュミレーションをして面接日に備えましょう。面接日の流れを把握して準備を整えておくと面接当日落ち着いて行動できます。

面接前・面接当日

面接日までに面接会場，面接時間を確認し，当日は間違いのないようにします。早めの行動を心がけ面接会場には20分ぐらい前までには到着し身だしなみをチェックしておきましょう。遅刻しそうな場合には担当者にすぐに連絡を入れます。

受付を済ませる

会場に一歩足を踏み入れた時点から誰かに見られていることを忘れずに，周りへの気配りと笑顔を絶やさないで下さい。受付を済ませたら，面接会場へ向かいます。面接会場まで担当者が案内してくれた場合はお礼を言いましょう。

控室へ移動

控室では携帯で電話やメールをすることは厳禁です。携帯電話の電源は必ず切って静かに自分の順番を待ちましょう。

面接室へ入室

名前を呼ばれたら返事をして面接会場に移動し，ドアをノックして「失礼いたします」と言い面接室に入室します。入室したら椅子にはすぐに座らず，椅子の横に立って大学名と学部学科名，氏名を名乗ります。「よろしくお願いいたします」と挨拶をした後，面接官に促されてから着席します。座る前にも「失礼いたします」と一言添え，バッグを足元に置いてから座りましょう。

面接

面接では姿勢を良くして，明るい笑顔でハキハキとした対応を心がけます。個人面接だけでなくグループでの面接の態度にも注意しましょう。

面接室から退室

面接が終了したら立ち上がって「ありがとうございました」と挨拶をして退室します。ドアの前で再度お辞儀をしましょう。面接室から退出するまで笑顔を絶やさないよう注意して下さい。

面接終了後

面接が終了しても帰宅するまで気を抜かないようにしましょう。たとえ面接会場を出たとしても自分の知らないところで見られているかもしれません。まっすぐ家に向かいましょう。

帰宅

4 笑顔は大切なコミュニケーションツール

面接における第一印象において,メイクや髪形などの顔から受ける印象が大変重要だということはもうおわかりだと思います。さらにそれらを補うものとして表情やしぐさも大切な要素となります。なかでも面接官から良い評価を得ることができるのは,笑顔,アイコンタクト,うなずきなどで,これらは合否に重要な影響を及ぼすことがわかっています(山口 2001)。特に笑顔は面接官の評価に大きく影響する要素であると考えられています。

面接に笑顔は大切,ということはみなさんご存じだと思います。無愛想な表情で面接に臨む方はめったにいないでしょう。しかしただニコニコと笑っているだけで好感度が得られるかというとそうではありません。笑顔にはいくつかの表情があります。大声を上げて爆笑している顔,優しくほほ笑んでいる顔,苦笑い,作り笑いなど,笑顔と一口に言ってもさまざまです。

次のページの写真①②③は笑顔の度合いです。①は控えめな笑顔で面接官に真面目で落ち着いた印象を与えます。②は口角が上がり好感のもてる笑顔です。面接官の質問に答えるときや自己 PR をするときなどはこの笑顔が良いでしょう。他者から最も好感度が得られる笑顔です。③は楽しい場面や和やかな場面の笑顔です。ただし大きな口をあけて笑いすぎてしまうと印象が良くありません。

面接室に入室するときが最初の笑顔のポイントとなります。このとき,緊張感から無意識に硬い表情になったり,無理に笑顔を作ろうとして引きつった顔になってしまいがちです。緊張する気持ちは

わかりますが，採用側が時間を取ってあなたを面接してくれている わけですから，面接をしていただけることへの感謝の気持ちを笑顔 で表すことが大切です。

■笑顔3パターン

面接試験で面接官の気持ちをつかむ要素に笑顔があります。笑顔 の度合いは目元と口角の上がり方で変わります。人は言葉と行動が ともなわないと不信感を抱きます。面接ではそれぞれのシーンに 合った笑顔を心がけましょう。

① 真面目で落ち着いた印象

② 明るく素直な印象

③ 元気で親しみやすい印象

①面接官や他の人の話を聞くときの笑 顔。真剣に話を聞きながら笑顔も忘 れていません。
②面接官からの質問に答えるとき，自 己PRをするときの笑顔。明るく好 印象の笑顔です。
③楽しいときや和やかなときの笑顔。 口を大きく開けて笑うのは良くあり ません。

第8章　好印象の面接マナーテクニック

■笑顔エクササイズⅠ

　普段から表情筋を鍛えていないと自然な笑顔にはなりません。急に作った笑顔は不自然な作り笑いになりがちです。笑顔エクササイズⅠ，Ⅱをそれぞれ3セット行い，好感度の高い自然な笑顔を目指しましょう。まず，笑顔エクササイズⅠでは口周りの筋肉を鍛えて口角アップを目指します。

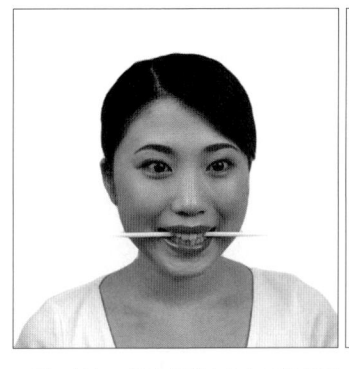

①口周りの筋肉が衰えると口角が下がり不機嫌な顔に見えます。ストローの真ん中をくわえて20秒キープして口角を鍛えます。左右の高さが対象になるよう注意しましょう。ストローの代わりに割り箸でも代用できます。

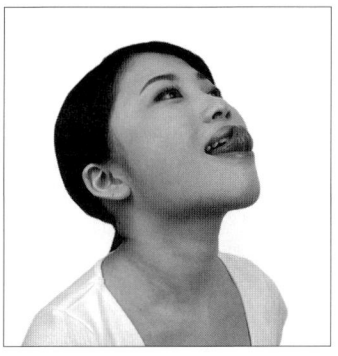

②顔を上に向け舌を突出し5秒間，鼻先につけるイメージでフェイス周りの筋肉を鍛えます。

■笑顔エクササイズⅡ

　鏡を見ながら「あ」「い」「う」「え」「お」と口を大きく動かし表情筋をほぐします。

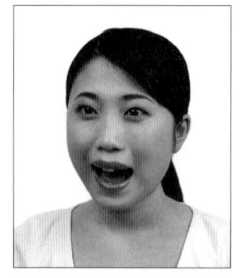

①口を大きく開けて「あ」と発音します。

②「い」の発音で口角を上げます。

③「う」と発音して口をすぼめます。

④「え」の発音で口を横に引き上げます。

⑤「お」と発音して口を前に突き出します。

5 視線, アイコンタクト, うなずきも重要

　視線やアイコンタクト, うなずきは好印象を得るための大切な要素であり, これらは面接試験での合否に重要な影響を及ぼすことは前述しました。

　面接試験の種類には個人面接, グループ面接, グループディスカッション, ディベート, プレゼンテーション面接があります。個人面接の場合, 志願者が面接室に入室し対面形式でお互いの顔を見

第8章　好印象の面接マナーテクニック

ながら面接が進められます。

　人が対面で会話をしているとき，視線には次の機能が働いています。まず相手との会話のやり取りで交代の時期を調節する働き，そして相手の反応をチェックする働き，自分の意思を示す働き，自分の感情を表す働き，双方の対人関係の性質を示す働きの5種類です。「目は口ほどにものを言う」ということわざがありますが，お互いに視線でさまざまな物事のやり取りをしているのです。面接で対話しているときに視線をそらしたり，視線が定まらずキョロキョロとする態度は相手に不審感を与えてしまうことは言うまでもありません。

　目はさまざまな感情を表出する器官としての役割があるほか，相手を見る注視時間や目線の固定度合いでも感情の程度を伝達します。話す側が相手を注視する時間と人物評価との関係を実験した研究では，話す側の注視率が低い場合，その話し手に対して「冷たい，悲観的，用心深い，弁解的，未熟，回避的，従順，無関心，鈍感」という印象でした。一方話す側の注視率が高い場合，その話し手の人物評価は「親近感あり，自信あり，自然体である，円熟，誠実」という印象でした。この実験結果からも話をしている面接官の顔をきちんと見てアイコンタクトを保つことが重要であることがわかります。

　また面接というと自分の発言ばかりに意識が集中しがちですが，面接官の話を聞く際の視線にも注意を払う必要があります。最も気をつけないといけないのは相手に関心がなさそうな態度をとることです。視線やアイコンタクト，うなずきは関心を示しているという意思表示であり，表情との相乗効果で好意的な関心度合いの手がか

りとされます。

　相手の顔を見てうなずきながら聞く態度は1対1の面接時だけではなく，グループ面接やグループディスカッションでも注意が必要です。グループ面接は通常2～3人の面接官が3～5人程度の志願者に対して対面形式で面接を進めます。面接官からの同一の質問に志願者が順番で答えるという形式が採られています。グループディスカッションは志願者数名が1グループとなって課題のテーマについて討論する形式です。

　グループでの面接の場合，自分が発言するときにはアイコンタクトをしっかり保っていても他の人が発言しているときにうつむいていたり，興味がなさそうにしている人がいます。たとえ他の人の順番でもあなたの態度は面接官に評価されています。無関心な態度はマイナスのイメージをもたれてしまいます。このような場合，発言している人に視線を向けて軽くうなずくなど人の話を興味深く聞く態度が重要となります。ただし大げさな反応は逆にマイナスイメージとなりますので注意しましょう。

6　立ち居振る舞い・マナー対策

① 正しい姿勢・立ち方

美しい姿勢は重心が肝心です。土踏まずに重心を置き，上から紐で引っ張られるイメージでまっすぐに立ちます。

面接試験では両足のかかとをつけて左右のつま先を握りこぶし1個分開き，背筋をピンと伸ばして立ちます。両手はおへその下あたりで合わせます。

② 正しい姿勢・座り方

面接試験では座った姿もチェックされています。座る際には椅子の左側から入り左側から出るとよいでしょう。背もたれにはもたれ

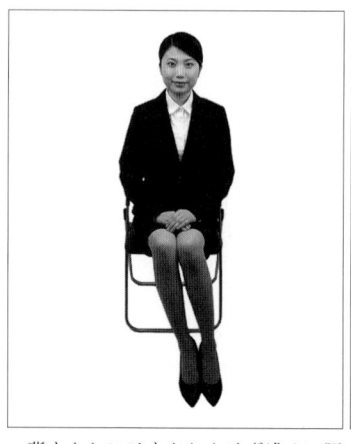

背もたれにはもたれかけず浅めに腰掛け，手はひざの上に置き親指が見えないように重ねます。

ひざをしっかりと合わせ少し斜めに足をそろえます。背筋を伸ばして座りましょう。

かからないで浅めに腰掛けます。背筋を伸ばし左右の膝をそろえて少し斜めにすると脚が美しく見えます。

③ お辞儀

お辞儀は相手に挨拶や敬意を払うために行う動作です。次のページのように，お辞儀には会釈，敬礼，最敬礼の3種類があります。

①②③の写真を参考にして下さい。それぞれのお辞儀によって腰を折り曲げる角度が異なります。

①は会釈といい腰を15度に曲げて軽くお辞儀をします。面接試験で入室や退室の際や座っているときは会釈を行います。ビジネス上最も基本となるお辞儀は敬礼といい②のように腰を30度に曲げます。面接試験では椅子の横に立って敬礼を行います。③の最敬礼は腰を

第8章　好印象の面接マナーテクニック

① 会釈・15度
面接時の入室，退室の挨拶，座っているときのお辞儀など。

② 敬礼・30度
面接時の着席前後の挨拶など。

③ 最敬礼・45度
面接時の最後の挨拶など。

45度に曲げるお辞儀で最も敬意や感謝を表すときに行います。面接の最後にお礼を言い最敬礼をしましょう。

　お辞儀をするときに何度もペコペコと頭を下げるのは見ていて感じの良いものではありません。また頭だけを下げて背中が曲がっているお辞儀も見苦しいです。さらに動作がゆっくりとしすぎているのも相手をイライラさせます。好印象のお辞儀はきびきびとした態度で動作にメリハリがついていることです。

　お辞儀をするときは正しい姿勢で立ち相手と目を合わせます。そこから頭をゆっくりと下げ腰を折り曲げます。頭を下げた状態で約２秒ほど動きを止め，再び頭をゆっくりと上げまっすぐに立った状態で静止します。首と背中が一直線になるよう気をつけ，静止する箇所と動く箇所，速さに注意してお辞儀を行いましょう。

　またお辞儀には挨拶をしながらお辞儀をする同時礼と，挨拶後お辞儀をする分離礼があります。日常のお辞儀では挨拶をしながらお辞儀をすることが多いですが，面接試験では別々に行う分離礼がふさわしいでしょう。面接という決められた時間内で分離礼を行うときは，挨拶が終わるのとほぼ同時に頭を下げてお辞儀をするのが良いでしょう。

第8章　好印象の面接マナーテクニック

④ 美しい椅子の座り方と立ち上がり方

■座り方

①椅子の前に立ち利き足を後方に引きます。②背筋を伸ばして椅子に浅く座ります。③両膝をしっかりと合わせ足をそろえます。

■立ち上がり方

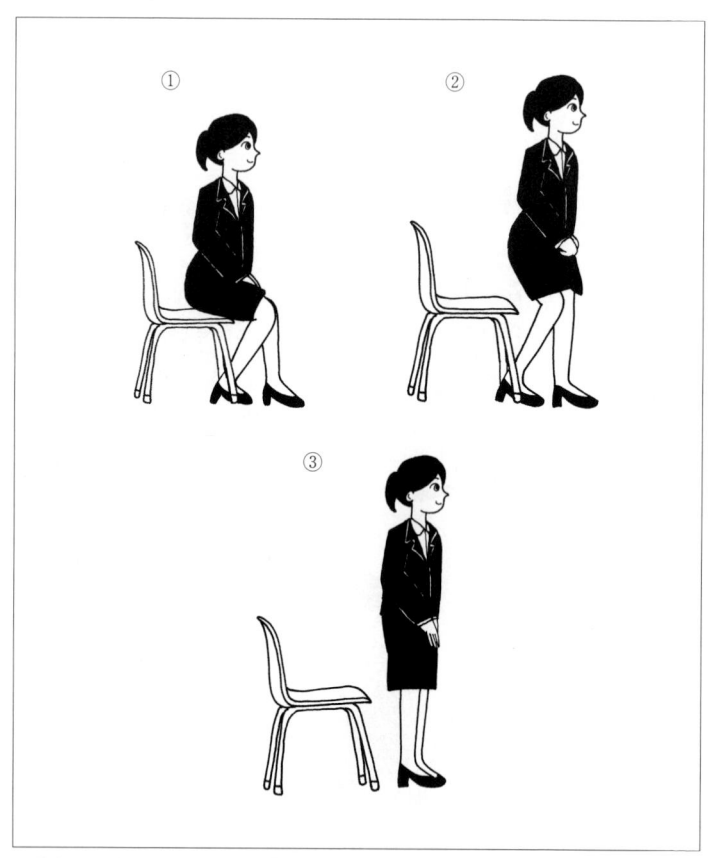

①座った状態で,利き足を椅子の後方に引きます。②前に出ている足に重心をかけて立ち上がります。③立ち上がってから後方の足を前方の足にそろえます。

7 服装は信頼度の判断材料

　外見印象の手がかりとして、服装は着る人の信頼度を判断するひとつの要素となります。服装と人物の信頼度を調査した実験では、スーツ姿で服装を整えた男性が信号を無視して道路を横断したところ、多くの歩行者がその男性につられて横断歩道を渡りはじめました。ところがくだけた服装で同じ男性が信号を無視して道路を渡ったところ、つられて横断歩道を渡る歩行者はいませんでした。この研究は男性の服装で行われた実験ですが、服装がその人の信頼度に大きく関係しているということがうかがえます。

　アメリカの心理学者フェスティンガー（L. Festinger）は、矛盾した2つの事象があるとき、自分の判断と矛盾する内容の事象を否定し、自分の都合のよい情報を集め肯定的な解釈を行う傾向にあることを明らかにしています。たとえば面接試験で身なりを整えた志願者の場合、第一印象が良ければ面接官は志願者の良いところばかりに注目します。たとえ志願者に不適切な行動があったとしても面接官はすべてを良い方向に捉えてくれる可能性があるということです。

　就職活動での服装は言うまでもなく大変重要です。就職活動といえば黒のリクルートスーツが定番ですが、面接にはとりあえずリクルートスーツを着て行けば大丈夫だと安心していませんか。リクルートスーツといっても上着のデザインやスカートの長さなどで着る人の印象は変わります。スーツの選び方、着方ひとつでやる気があるように見えたり、逆にだらしなくやる気がなさそうにも見えます。リクルートスーツには美しく見える基本の着こなしがあります。

自分の体形に合ったデザインやサイズを選び、基本の着こなしをしっかりと把握しましょう。

8 リクルートスーツ・基本の着こなし

自分に合ったリクルートスーツで身だしなみを整え、就職活動に臨みましょう（表8-1参照）。

① 上着の選び方
スーツの上着は肩幅の合ったものを選びます。上着を着て背筋を伸ばし姿勢を正して、自分の肩と上着の肩幅が合っていれば大丈夫です。
シャツは一番上のボタンまで留めるのが基本です。スキッパータイプのシャツは上着の襟から出します。

② スカート丈
スカート丈は立ったときにひざぐらいになるのがよいでしょう。
座ったときにはひざが少し見える長さです。

表8-1 基本の服装チェックポイント

スーツ上着・肩幅	肩幅の大きい上着はだらしなく見えます。また小さいとつっぱったシワができるので肩幅の合った上着を選ぶことが大切です。
スーツ上着・袖丈	腕を真下におろしたとき手首が隠れる長さが目安です。上着の袖丈が長いとだらしなく見えます。短いと下に着ているシャツの袖が出すぎるので注意しましょう。
スーツ上着・Vライン	スーツによってVラインが浅い上着と深い上着があります。バランスを見て選びましょう。
スカート丈	座ったときにひざが少し見える長さがベストです。立ったときにひざぐらいの長さが目安です。
パンツ丈	立ったときに足の甲が隠れるぐらいが目安です。
シャツ・襟	シャツの襟は全部閉じます。スキッパータイプは襟を上着から出して着ます。
シャツ・袖口	上着の袖口からシャツの袖が見えないように気をつけましょう。
シャツ・色	白が基本です。
コート	黒, 紺などのダークカラーが基本。
ストッキング	肌色が基本です。
くつ	黒のパンプスが基本でヒールの高さは5センチ前後が良いでしょう。
バッグ	黒でA4サイズの書類が入る大きさが良いでしょう。マチが広めのバッグが使いやすいです。
時計	カジュアルな時計やアクセサリータイプの時計は避けましょう。
アクセサリー	つけないのが基本です。

■私服で面接する場合

　場合によっては日常の志願者の姿を見るために，私服で面接を行うところもあります。

　私服でというと何を着て行こうかと迷うところですが，わからないからといって黒のリクルートスーツでは相手の意向を無視することになりますので，好感度の高い私服を用意しましょう。

　あくまでも面接であるということを忘れずに。スカートスタイルでもパンツスタイルでも構いませんが流行を取り入れすぎるのは禁物です。デニムや極端に短いスカート，ショートパンツなども避けましょう。また靴はサンダルやミュール，スニーカーは避け，バッグはシンプルなデザインのものを選びましょう。ストッキングも柄物やカラータイプは控えて自分の肌に合った肌色タイプを選ぶとよいでしょう。

第8章　好印象の面接マナーテクニック

9　ノックの音で連想される人物像

　ノンバーバルコミュニケーションは聴覚を介しても行われます。面接室に入る際のノックの音もあなたの印象形成に影響を与えます。乱暴なノックがさつな印象を与え，小さい音のノックは自信のなさを連想させます。適度な速さで心地よい音のノックを心がけて下さい。ノックの仕方にもこだわって面接官にマイナスのイメージを与えないよう気をつけましょう。

○	×
第二関節を使って2,3回適度な音でノックをします。	握りこぶしでノックをすると乱暴な印象のノックになります。

10　証明写真のきれいな撮り方

　履歴書やエントリシートに欠かせない証明写真は，採用担当者があなたを初めて見る機会となる重要なものです。

　写真の第一印象は採用担当者にとって，志願者がどんな人物であるかを推測する判断材料となります。志望動機や自己 PR が素晴らしくても写真の印象が悪いとあなたの全体のイメージまでが悪くなり損をすることになります。

　注意をしないといけないのは，いくら印象が良いメイクをしていても写り方次第で印象の悪い写真になってしまうことです。自分の長所が最大限引き出せて，健康的な明るさが相手に伝わるような写真が撮れるように以下のことに注意しましょう。

■メイク，髪，服の乱れをチェック

　写真を撮る前にメイク，髪，服の乱れをチェックします。

　手鏡を持参しメイク崩れをしていないか必ず確認しましょう。顔がテカっている場合はパウダーで押さえます。チークは明るめにして元気な印象を出します。フラッシュの光を反射してきれいな口元に写らないことがありますのでリップグロスのつけすぎに注意して下さい。

　長い髪は一つにまとめ顔に髪がかからないようにします。またシャツの襟に髪がかからないように結んだ髪は後ろに下ろします。

　スーツは襟元が乱れていないか確認しましょう。上着の一番上のボタンを外すとゆとりができてきれいに撮ることができます。

第8章　好印象の面接マナーテクニック

■姿勢をよくする

　姿勢が悪いとそれだけで不健康な印象になります。背筋をピンと伸ばして若干あごを引き気味で椅子に座ります。姿勢を良くしたつもりでも力が入りすぎて肩が上がっている場合がありますので注意して下さい。また左右の肩の高さにも気をつけましょう。

■あごを引きすぎないよう注意する

　写真撮影のとき思わずやってしまうのがあごを引きすぎることです。あごを引きすぎて上目遣いになると媚びた印象になり若々しさが感じられません。また自信がなさそうな印象や暗い印象を与えたり，逆ににらんでいるように見えることもあります。二重あごになる場合もありますので注意しましょう。

あごを引きすぎると上目遣いになってしまいます。

■歯を見せて笑わない

　笑顔は人を魅力的に見せますが，履歴書では歯を見せて笑った写真は避けた方が良いでしょう。理想的な笑顔は口を閉じたまま左右の口角をキュッと上げます。気をつけないといけないのが，ゆがん

だ笑顔にならないように口角を左右対称に上げることです。口角が左右非対称の笑顔は皮肉な印象に捉えられてしまいますので、自分の笑顔を鏡で確認しましょう。

■白いハンカチなどをひざの上に置く

履歴書の写真は写真館のスタジオで撮るのが確実ですが、スピード写真で撮る場合はひざの上に白いものを置くと、顔に光が反射してレフ版の代わりになりきれいに写ります。白いハンカチや画用紙など白いものを用意しましょう。

レフ版代わりに白いハンカチや白い画用紙を用意します。

■椅子の高さに注意

スピード写真では椅子の高さにも注意しましょう。背筋をピンとのばした状態で少しあごを引いてレンズを見下ろすぐらいがベストです。

11 ビデオで撮り，自分を客観視する

面接の練習で効果的な方法はビデオで自分を撮影することです。ビデオ撮影した映像を見ることで自分のメイクや髪形，表情，しぐさなど外見印象が客観視できます（表8-2）。

1回目は正面から，2回目はサイドから撮影してみて下さい。正面顔と横顔のメイクや髪形，服装や座っているときの姿勢などが確認できます。家族や友達などに協力してもらい模擬面接を撮影してみましょう。

表8-2 模擬面接・撮影のチェックポイント

- ドアをノックする音は力強い音ですか？ 乱暴だったり弱々しくないですか？
- 入室はスムーズですか？
- ドアから椅子まで美しく歩けていますか？
- 椅子の横に立って明るい笑顔で元気よく挨拶ができていますか？
- 腰から首までが一直線の美しいお辞儀ができていますか？
- お辞儀の角度は適切ですか？
- 面接官の指示があるまで笑顔のまま直立できていますか？
- 椅子に座る際の所作は美しいですか？
- 椅子の背もたれにもたれず，姿勢よく着席できていますか？
- メイクが濃すぎていませんか？ また顔色が悪くありませんか？
- 髪が乱れていませんか？
- 服装に乱れはありませんか？
- 座ったときにひざの上にハンカチなどを置いていませんか？
- 終始笑顔を絶やしていませんか？
- 笑顔の度合いは適切ですか？
- 目線やあいづちは適切ですか？
- 緊張が表情に出ていませんか？
- 明るい笑顔でハキハキと答えられていますか？
- 退室はスムーズですか？
- ドアは静かに閉められていますか？

面接当日は表8-3を参考に万全の準備を整えて面接試験に臨みましょう。

表8-3 外見印象・最終チェック表

分類	チェック項目（OKならチェックしましょう）	✓
ヘアメイク	メイクが濃すぎて派手に見えていませんか	
	メイクが薄すぎて顔色が悪く見えていませんか	
	歯に口紅がついていませんか	
	長い髪はきちんとまとめていますか	
	お辞儀をしたときに顔に髪がかからないようなヘアスタイルですか	
	ヘアピンが見えていませんか	
	爪は長くないですか　またきれいにケアができていますか	
服装	スーツやシャツのシワや汚れは大丈夫ですか	
	スーツやシャツのボタンが取れかかっていませんか	
	靴やバッグの汚れは大丈夫ですか	
	ストッキングは伝線していませんか	
持ち物	メイク直し用の化粧品を持っていますか	
	ティッシュペーパーやあぶらとり紙を持っていますか	
	携帯用の手鏡を持っていますか	
	ヘアを直すコームやピン，携帯用のスプレーなどを持っていますか	
	ストッキングの替えを持っていますか	

Beauty Column Ⅵ
ハーブティーで香りと味を楽しんで

ハーブティーとは

　天然の有効成分がたっぷりと入ったハーブティーは，香りと味を楽しむことができます。カフェインを含まないので，寝る前に飲んでも安心です。

　ハーブにはフレッシュハーブとドライハーブがあります。薬効成分はドライハーブのほうに多く含まれています。単一のハーブティーで飲みにくい場合は，フルーツフレーバーなどとブレンドすると飲みやすくなり，また相乗効果も生まれます。

　ハーブを利用したセラピーをハーバリズムといいます。アロマテラピーとハーバリズムは同様に植物を使った療法ですが，ハーブはよりおだやかな効能があります。

ハーブティーのいれ方

　ガラスポットでしっかりと蒸らしハーブティーの成分を抽出します。ハーブティーは香りや味はもちろんのこと，ブルーや赤などの色を楽しむこともできます。

①ドライハーブを，ティースプーンに1杯×人数分を大きめのティーポットに入れます。ハーブの葉や花が大きい場合は細かくして入れましょう。フレッシュハーブを使用する場合はドライハーブの3〜4倍が目安です。

②沸騰したお湯をポットに注ぎます。上手に蒸らすために必ず沸騰したお湯を使用しましょう。ふたをして3〜5分ほど待ちます。

③茶葉が開き底に沈みだしたらカップに注ぎます。蒸らす時間をかけすぎるとハーブの香りがきつくなります。蒸らしすぎに注意しましょう。

④そのまま飲んでもおいしいですが，好みではちみつや三温糖，ジャムなどを加えてもおいしく飲めます。

代表的なハーブティー

種　類	特　徴
ローズヒップ	ドッグローズと呼ばれる野バラから採取されるバラの実です。ビタミンCが大変豊富で活性酸素を除去する働きがあります。熱に強い成分（バイオフラボノイド）を含んでいるので熱湯で入れてもビタミンCが壊れにくく，リコピンやビタミンEも含まれており肌のコラーゲンにも作用します。 ➜美肌　保湿作用　強壮作用
ハイビスカス	クエン酸が豊富で身体のサイクルを整える働きがあります。ビタミンCやポリフェノールが豊富。利尿作用があります。 ➜美肌　疲労回復
カモミール	リンゴに似た香りのハーブティーです。 ジャーマンカモミールとローマンカモミールの2種類があります。 不眠に良いとされており精神の安定をもたらします。 ➜消炎作用　鎮痛作用　発汗作用　保湿作用
レモングラス	鉄分を多く含み胃腸の働きを整えます。タイ料理のトムヤムクンスープに利用されるハーブです。 ➜貧血予防
ペパーミント	胃腸の働きを整え消化を促します。発汗作用もあります。 風邪のひき始めなどに飲むとよいでしょう。 ➜発汗作用　殺菌作用
マロウ	皮膚の炎症や傷を緩和します。紫の花に熱湯を注ぐとブルーのハーブティーになります。 ➜粘膜の保護と傷の緩和

※アレルギーのある方，妊娠中の方は注意して下さい。

第 9 章

就活・トラブル対処法

1　困った！　こんなときどうするの？——肌トラブル対処法

　面接試験が近づくとストレスや緊張感などから肌の調子も不安定になりがちです。肌は健康度の目安となるため，トラブルがあると面接での第一印象に影響を及ぼします。
　食生活と睡眠を整え万全の肌状態で面接試験に臨みたいものですが，万が一の肌トラブルに備えて対処法を覚えておきましょう。

■ニキビ肌
　ニキビには思春期にできるニキビと成人してからできる大人ニキビがあります。大人ニキビは口の周りやあご，フェイスラインなどにできます。

・スキンケア
　ニキビが気になるからといって過剰な洗顔やクレンジングは禁物です。たっぷりの泡でやさしく洗い，洗顔後はしっかりと保湿します。ただし油分の多いクリームなどは控えましょう。

・メイク
　ニキビができてしまった場合，油分の少ないパウダーファンデーションを使用します。スティック状のコンシーラかペンシル状のコンシーラを使用しニキビの部分になじませます。あくまでも応急処置なので面接後帰宅したら素早くメイクを落とし，ニキビを悪化させないよう気をつけましょう。

■毛穴肌

毛穴のトラブルは過剰な皮脂分泌によって，毛穴に皮脂や角質がたまり酸化することで引き起こされます。皮脂がたまって毛穴が開いたり黒ずんだ状態のトラブルは，皮脂分泌が多い小鼻の周辺に多く見られます。

・スキンケア

毛穴のケアは肌を清潔にすることが大切です。ホットタオルを顔にのせて毛穴を開きクレンジングオイルなどでクルクルとマッサージをしながら毛穴の汚れを浮かび上がらせます。クレイパックなどもおすすめです。

・メイク

リキッドファンデーションとコンシーラでカバーします。頬や鼻の毛穴に対してトントンと指のハラで軽くたたきながらファンデーションやコンシーラを厚めにつけます。上からフェイスパウダーをしっかりつけて毛穴をカバーします。

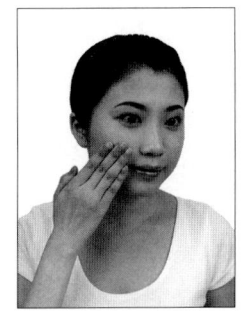

■クマ

目の疲れや寝不足，冷えなどの血行不良で引き起こされます。また洗顔やクレンジングが不完全で色素沈着を起こしている場合もあります。

・スキンケア

目元のメイクを落とすときにゴシゴシとこすらずにやさしく洗い流すようにします。洗顔後はたっぷりの化粧水をつけ，目元専用の

美容液やアイクリームなどでしっかりと保湿をします。マッサージで血行を良くするのも効果的です。ただし目の周りはデリケートなので力を入れずやさしく行って下さい。

・メイク

コンシーラを使用してクマをカバーします。血行不良が原因の青黒いクマや色素沈着などが原因の茶色のクマにはオレンジ系のコンシーラを，睡眠不足などが原因の褐色のクマにはイエロー系のコンシーラを使用します。目の下のクマ部分にはあらかじめ指でコンシーラを薄くのばしておきます。さらに暗く影になっている部分には，コンシーラブラシかスティックタイプのコンシーラを薄くのばします。目の周りはメイクがヨレやすいので厚くならないように注意しましょう。

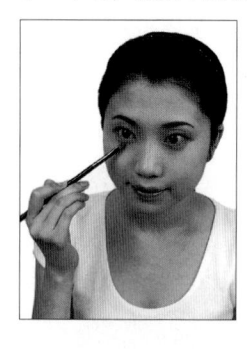

■くすみ肌

ストレスや冷えなどによる肌の乾燥や新陳代謝の低下，過剰な皮脂分泌などにより角質層が厚くなることで透明感が失われくすみが生じます。また洗顔が正しく行われていなかったり，メイクをきちんと落としていない場合も色素沈着を起こしてくすみ肌になります。

・スキンケア

しっかりと洗顔，クレンジングをした後，化粧水や乳液で保湿をします。新陳代謝を活発にするためパックやマッサージなどを定期的に取り入れると良いでしょう。皮脂分泌が多い肌には皮脂をコントロールする化粧水を使用します。

- メイク

コントロールカラーを使用してくすんだ肌色を調整します。ハイライトで肌に明るさをプラスするのも効果的です。

■シ　ミ

紫外線を大量に浴びると色素形成細胞の働きが活発になりメラニンが生成されます。通常は皮膚の代謝とともに排出されますが一部が残ってしまい，これがシミの源とされています。一度できたシミはなかなか消えないので日頃から紫外線対策をしっかりとすることが大切です。また紫外線のほかホルモンバランスの乱れからできるシミもあります。

- スキンケア

紫外線対策をしっかり行います。マッサージやパックを定期的に行い肌の新陳代謝を促します。

- メイク

日焼け止め効果のあるメイクアップベースを使用します。コントロールカラーやコンシーラでシミを目立たなくカバーします。広い範囲のシミには指を使ってコンシーラをのばし，小さいシミにはペンシルタイプやコンシーラブラシを使用します。

2 気をつけよう！ 面接試験・外見印象失敗例

ここでは，陥りがちな失敗例をヘアメイクとファッションに分けてまとめておきます。実際の面接試験のときに気をつけて下さい。

① ヘアメイク失敗例

ベースメイク
・ファンデーションが厚い ファンデーションが厚くなっていませんか？── 　ニキビやクマなど肌にトラブルがあると隠そうとしてファンデーションを厚く塗りがちです。しかしファンデーションを厚く塗ると透明感が失われ，かえって顔色がくすんでしまいます。 　肌トラブルは部分的にコントロールカラーやコンシーラで補正して，ファンデーションはできるだけ薄づきを心がけましょう。またUゾーンは比較的厚く，Tゾーンやフェイスラインは薄くのばすなどメリハリをつけると厚塗り感が薄れます。
・ファンデーションの境目がくっきりしている 額の生え際や首と顔の境目などファンデーションの境目がくっきりしていませんか？── 　額の生え際は境目が気になるところです。正面顔だけしか見ずにメイクすると，首と顔の境目のファンデーションがきれいにぼかせていない場合があります。 　人の顔は正面顔だけを見られているわけではありません。面接ではあなたが横を向いたときの横顔も注目されています。横顔もチェックしてファンデーションの境目をきれいにぼかすようにしましょう。

・ハイライトやローライト，ノーズシャドゥが濃すぎ
立体感を出そうとして額のハイライトやフェイスラインのローライト，ノーズシャドゥを入れすぎていませんか？──
　適度な立体感は顔をシャープにキリッと見せる効果がありますが，濃すぎるとわざとらしく見えます。ハイライトとローライトは色をつけるというより影をつける感覚で自然に入れることを心がけましょう。

ポイントメイク

・眉が高すぎ，低すぎ，左右が違う
眉の高さに注意して描いていますか？──
　眉が高すぎると顔がきつく見えます。低すぎると困った顔に見え，不安な印象になります。また左右の高さが違うと顔のバランスが悪く見えます。顔を下に向けず，まっすぐ正面から見て描きましょう。

・眉の剃りすぎ，眉がボサボサ
眉を剃りすぎて眉がなかったり，眉がボサボサではないでしょうか？──
　眉のないところに無理やり描いた眉は不自然で好感度も悪くなります。またボサボサの眉もだらしなさを感じさせます。眉本来の形をいかし適度な長さにカットして自然な眉を描くようにしましょう。

・アイメイクが濃すぎ
目を大きく見せようとしてアイシャドゥが濃すぎたり，アイラインで目を囲んでいませんか？　またマスカラをつけすぎていませんか？──
　アイメイクが濃いと派手な印象になります。まつ毛を強調するのも就活メイクにはふさわしくありません。

・チークが濃すぎ
顔色を良くしようとしてチークを入れすぎていませんか？──
　健康的な印象づくりにチークはかかせませんが入れすぎは派手に見えるので注意しましょう。

・唇の色が暗い，唇の色が肌色
唇の色が暗すぎたり，肌と同じ色になっていませんか？──
　自然な色と思って使用した茶系の口紅は唇が暗く見え顔色を悪く見せる場合があります。また一見ナチュラルに見えるベージュ系の口紅は肌色と同化して顔色を悪く見せます。口紅は顔色を明るく見せるピンク系やオレンジ系でナチュラルな色を選択しましょう。

ヘアスタイリング・その他

・茶　髪
髪の色は大丈夫ですか？──
　わずかな茶色でも面接官によっては軽薄な印象をもたれてしまいます。面接では黒髪を基本として考えましょう。

・後れ毛が出ている
後れ毛が出ていませんか？──
　きちんと結んだつもりでも後れ毛が出ているとだらしない印象になります。ヘアスプレーやヘアワックスなどで後れ毛が出ないようにきちんと整えましょう。

・前髪で顔が隠れている
長い前髪で顔が隠れていませんか？──
　前髪が額にかかりすぎて顔が隠れていると暗い印象を与えます。長い前髪は目や眉にかからないよう，ヘアスプレーやヘアワックスできちんとまとめましょう。

・髪を結ぶ位置が高すぎ，低すぎ
髪は適度な位置で結んでいますか？──
　結ぶ位置が高すぎると幼い印象になります。逆に低すぎると暗く地味な印象になります。目安は耳の付け根の上部分と結び目が同じ高さになるようにします。

・髪の傷み
髪が傷んでいませんか？──
　傷んだ髪は荒んだ印象を与えます。ヘアトリートメントなどで髪を健康に保つよう心がけましょう。傷みがひどい場合は美容室で相談しましょう。

・ヘアピン
ヘアピンが見えていませんか？──
　髪が乱れるのをおさえるためにヘアピンを使用しているのをよく見かけますが，あまり印象が良いとは言えません。髪はヘアスプレーやヘアワックスなどできちんとまとめ，ヘアピンを使用する場合は最小限にし，見えないように留めましょう。

・ヘアゴム，バレッタ，シュシュの色，デザインが派手
長い髪を結んだり留めたりするヘアゴムやバレッタ，シュシュの色やデザインが派手ではないですか？──
　面接という場を考えて，黒や茶色で好感度の高いデザインのものにしましょう。

・爪
爪は長くないですか？──
　長い爪は適度な長さに整えましょう。手のひら側から指先を見て爪が出ていないか確かめて下さい。爪切りを使うと二枚爪になる場合があるので，長さを整える場合はエメリーボードを使用しましょう。

② ファッション失敗例

スーツ・シャツ

・スーツのボタンが取れかけ
スーツのボタンが取れかけていませんか？──
　事前にきちんと確認をして，取れそうなボタンはしっかりつけておきましょう。

・スカート丈の長さ
スーツのスカート丈が短すぎませんか？　また長すぎていませんか？──
　短すぎると軽薄な印象に，長すぎると暗い印象になります。また座ったときの長さも重要です。座ったときに短すぎたり長すぎたりしないよう注意しましょう。スカート丈は54センチ，57センチ，60センチのタイプがよくある長さです。体型などに合わせて選びましょう。

・シャツの袖の長さ
シャツの袖がスーツの上着の袖から出ていませんか？──
　女性の場合は上着からシャツの袖が出ないように注意しましょう。

・コートの色，形，質感が不適切
スーツの上からカジュアルなコートを着ていませんか？──
　コートは黒や紺などのベーシックな色で面接試験に適している形や素材を選びましょう。ただしコートやマフラーは面接会場に入る前に脱いでおきます。

・服のシワ
前回着ていたときの服のシワが残っていませんか？──
　だらしない印象にならないために一度着たスーツはクリーニ

第9章　就活・トラブル対処法

ングに出すか必ずアイロンでシワを伸ばしておきましょう。

・**私服面接のファッション**
私服面接にもかかわらず黒いリクルートスーツで行っていませんか？――
　私服でという指示があった場合は，シャツにジャケットを羽織るなどシンプルな色とデザインで好感度の高い私服を選びましょう。

靴・バッグ・その他

・**靴の形**
かかとがストラップの靴やサンダルタイプの靴を履いていませんか？――
　面接はおしゃれの場ではありません。デザイン性に富む靴ではなくオーソドックスな黒のパンプスにしましょう。また甲がストラップの靴は業種によって好まれない場合があります。

・**靴のヒールの高さ**
スタイルを良く見せようと面接でヒールの高い靴を履いていませんか？――
　ヒールが高くて細いタイプの靴，いわゆるハイヒールは印象が良くありません。高さが5センチ前後で適度にヒールが太めの靴を選びましょう。ヒールがまったくないのも幼い印象になるので面接にはふさわしくありません。

・**靴の汚れ，ヒールの傷**
靴の汚れやヒールに傷がついていませんか？――
　面接官は細かいところもチェックしています。汚れや傷がある靴を履いているとだらしなく見えてマイナスイメージです。事前に靴をきれいに磨き傷を直して面接試験に臨みましょう。

・**靴ずれで歩きにくい**
履きなれない靴で面接試験に臨んでいませんか？――

面接当日にいきなり新しい靴をおろすと靴ずれをおこす心配があります。事前に使用感をためすか，履きなれた靴を選びましょう。

・ブランドバッグ
面接試験にブランドのロゴ入りバッグで行っていませんか？――
　面接試験はおしゃれの場ではありません。A4サイズの書類が入る黒のバッグが便利です。肩から掛けられるようにストラップの長いもので足元に置いても倒れないようなマチが広めのバッグが良いでしょう。

・ストッキングの伝線
ストッキングが伝線していませんか？――
　いざというときのために必ず予備のストッキングを携帯しましょう。

・メガネの汚れ
メガネが汚れていませんか？――
　意外と見落としがちなのがメガネの汚れです。事前にきれいに拭いておきましょう。

・カラーコンタクトレンズ
カラーコンタクトレンズを使用していませんか？――
　面接試験にはカラーコンタクトレンズはふさわしくありません。色のついていないコンタクトレンズを使用しましょう。

・派手なアクセサリー
大ぶりのイヤリングやピアス，ネックレスや指輪をしていませんか？――
　小さいピアスやシンプルなものなどは業種によっては大丈夫なところもありますが，基本的にはアクセサリーをつけない方が良いでしょう。ネックレスや指輪も必ず外して行きましょう。

Beauty Column VII
就活の悩みを解決 アロマテラピー活用法

　アロマポットやディフューザーでの芳香浴もおすすめですが，手軽にアロマの効果を活用できるのはティッシュペーパーにエッセンシャルオイル（精油）を1滴つけて香りを嗅ぐ方法です。ティッシュペーパーなら持ち歩きもできるので外出先でも香りを楽しむことができます。就職活動中の心や身体の状態に合わせて活用してみて下さい。

◆集中力を上げたいとき

　面接試験に備えて集中力を高めたいときにはローズマリー，ジュニパー，ユーカリなどのエッセンシャルオイルがおすすめです。神経に働きかけ頭を鮮明にして記憶力や集中力をアップさせます。

◆気持ちを切り替えたいとき

　リフレッシュ効果が期待できるエッセンシャルオイルとして，ペパーミント，グレープフルーツ，レモンなどがあります。心機一転，気持ちを切り替えたいときにおすすめです。

◆緊張して眠れないとき

　面接の前日は緊張でなかなか眠れないこともあります。そんなときはティッシュペーパーにラベンダー，オレンジスィート，サンダルウッドなどのリラックスできるエッセンシャルオイルを1滴つけて枕元に置いてみましょう。

◆ゆっくりリラックスしたいとき

　就職活動の合間にホッと一息つきたいときにはオレンジスィート，ネロリ，フランキンセンスなどのエッセンシャルオイルがリラックスできます。緊張が続いたりストレスがたまってきたと感じたとき気持ちを軽くしてくれます。

◆花粉の季節の就活——花粉症状の緩和に

　花粉の季節にはユーカリ，ペパーミント，ティートリーなどのエッセンシャルオイルがおすすめです。マスクに1滴つけるとつまった鼻がスーッととおり楽になります。

Beauty Column Ⅷ
障がいのある人の就職活動

　障がいのある人も障がいがない人と同様に地域で自立した生活ができるよう，厚生労働省は障がいのある人の雇用対策を推進しています。

　障がい者の方に対しては職業訓練や職業紹介，職業リハビリテーションが実施されており，それぞれの障がいの特性に応じた支援がなされるよう配慮されています。

　企業の雇用率は年々増加の傾向にあります。企業研究をしっかり行い積極的に就職活動を行うことで自分に合った企業を探すことが大切です。

　障がい者の採用実績は企業のホームページや就職情報サイトに公開されている場合がありますので，企業研究をする際に調べてみましょう。ハローワークや障がい者職業センターなどの公的機関や，学生の方はキャリアサポートセンターに相談してみましょう。

◆障害者手帳の交付

　障がい者枠の求人に応募する際には障害者手帳を申請する必要があります。その場合は事前に準備をしておきましょう。

◆企業への伝え方

　採用後に行き違いが生じないために，どのようなことができてどのようなことができないのか，企業に配慮してもらわないといけない箇所を面接時にきちんと伝えましょう。

◆就職活動の方法

　企業の就職情報はさまざまな方法で探すことができます。それぞれに特徴があるので自分に合った方法で探しましょう。

- 大学キャリアサポートセンターに相談する
- ハローワークや障がい者職業センターなどの公的機関に相談する
- 就職・転職求人サイトで探す
- 就職情報誌で探す
- 人材紹介サービスで探す

引用文献

阿部恒之 [2002]『ストレスと化粧の社会生理心理学』フレグランスジャーナル社　54-55.

アロマ環境協会 [2011]『アロマ検定公式テキスト1級』『アロマ検定公式テキスト2級』アロマ環境協会.

Asch, S. E. [1946] Forming impressions of personality. *Journal of Abnormal and Social Psychology*, 41, 258-290.

Birdwhistell, R. L. [1970] *Kinesics and Context: Essays on Body Motion Communication*. Philadelphia: University of Pennsylvania Press.

Cooley, C. H. [1902] *Human nature and the social order*. New York: Charles Scribner's Sons.

Coursey, R. D. [1973] Clothes doth make the man, in the eye of the beholder. *Perceptual and Motor Skills*, 36, 1259-1246.

フェスティンガー, L.（著）　末永俊郎（監訳）[1965]『認知的不協和音の理論　社会心理学序説』誠信書房.

後藤倬男　田中平八（編）[2005]『錯視の科学ハンドブック』東京大学出版会.

Graham, J. A., and Jouhar, A. J. [1983] The importance of cosmetics in psychology of appearance, *International Journal of Dermatology*, 22, 153-156.

Graham, J. A. and Kligman, A. M. (eds.) [1985] *The Psychology of Cosmetic Treatments*. New York: Praeger.　グラハム, J. A.　クリグマン, A. M.（著）　早川律子（監訳）[1988]『化粧の心理学』週刊粧業.

Hama, H., Matsuyama, Y., Fukui, K., Shimizu, H., Nakajima, T., Kon, Y., and Nakamura, K. [1990] A Clinical study of using cosmetics for therapy. In B Wilpert, H. Motoaki & J. Misumi (eds.) *Social, educational and clinical Psychology: Proceedings of the 22nd International Congress of*

Applied Psycology, 3, New Jersey: Lowrence Erlbaum Associates, 271-272.

飯島義郎　宇野政雄　斉藤進六　島田記史雄　向坊隆　渡辺茂（編）[1986]『現代商品大辞典　新商品版』東洋経済新報社.

飯沼健真［1988］『アメリカ合衆国大統領』講談社現代新書.

カイザー, S. B.（著）　高木修　神山進（監訳）　被服心理学研究会（訳）［1994］『被服と身体装飾の社会心理学　上・下』北大路書房.

Kleinke, C. L. [1975] *First impression; The psychology of encountering others.* New Jersey: Prentice Hall.

クラインク・C. L.（著）　福屋武人（監訳）　榎本博明　塩崎万里（訳）［1984］『ファースト・インプレッション』有斐閣.

寿マリコ［2010］『メイクセラピー　精神障害者の女性を対象とした事例分析から』フレグランスジャーナル社　62-64.

Lefkowitz, M., Blake, R., & Moution, J. [1955] Status factors in pedestrian violation of traffic signals. *Journal of Abnormal and Social Psychology*, 51, 704-706.

Mckeachie, W. J. [1952] Lipstick as a determiner of first impression of personality: An experiment for the general psychological course. *Journal of Social Psychology*, 36, 241-244.

Mehrabian, A. & Ferris, S. R. [1967] Inference of attitudes from nonverbal communication in two channels. *Journal of Consulting Psychology*, 31, 248-252.

マレービアン, A.（著）　西田司　他（訳）［1986］『非言語コミュニケーション』聖文社.

水口錠二［2005］『医療従事者必携　病院ではたらく人のマナー接遇』日本医療報酬調査会.

中村延江　五十嵐靖博［2000］『美容師のための心理学』山野インターナショナル.

日本色彩学会（編）［1980］『新編色彩科学ハンドブック』東京大学出版会.

日本色彩研究所(監) 大井義雄 川崎秀昭 [1996]『カラーコーディネーター入門 色彩』日本色研事業.

野澤桂子 [2004]「治療の場における美容 ソシオエステティックの心理的効果」『こころの科学』117, 63-69.

野澤桂子 沢崎達夫 [2006]「化粧による臨床心理学的効果に関する研究の動向」『目白大学心理学研究』2, 46-63.

岡部朗一 [1994]『大統領の説得術』講談社現代新書.

岡本祐子 [2005]「成人女性の自分らしい生き方の確認とアイデンティティ アイデンティティにとっての化粧の意味」『化粧文化』45, 8-13.

大塚藤男 上野賢一 [2011]『皮膚科学』金芳堂.

斉藤勇(編) [1987]『対人社会心理学重要研究集3 対人コミュニケーションの心理』誠信書房.

重田みゆき [2009]『絶対合格! キャビンアテンダント あなたの夢を現実に変える! 面接突破力の高め方・磨き方』ダイヤモンド社.

Springbett, B. M. [1958] Factors affecting the final decision in the employment interview. *Canadian Journal of Psychology*, 12, 13-22.

就職総合研究所(編) [2012]『2014年度版 面接の虎』日本シナプス.

高木修(監) 大坊郁夫 神山進(編著) [1996]『被服と化粧の社会心理学』北大路書房.

高木修(監) 大坊郁夫(編) [2001]『化粧行動の社会心理学 シリーズ21世紀の社会心理学9』北大路書房.

髙木幸子 [2007]「対話場面を中心としたコミュニケーションにおける表情の役割」『日本心理学会第71回大会発表論文集』738.

髙木幸子 [2009]「採用面接場面における顔表情と対人不安の関係性」『日本顔学会誌』9, 43-52.

髙木幸子 西本武彦 [2010]「採用面接場面における評価者間の一致度 面接者の肯定的表情の呈示比率と志願者の対人不安からの検討」『日本顔学会誌』10, 73-86.

ヴァーガス,M.F.(著) 石丸正(訳)［1987］『非言語コミュニケーション』新潮選書.

渡辺佳子［2004］『「経絡リンパマッサージ」からだリセットBOOK』高橋書店.

山口一美［2001］「採用面接における志願者の自己呈示と非言語行動」『経営行動科学』15(1), 57-71.

安田利顕［2002］『美容のヒフ科学　改訂8版』南山堂.

新聞・WEB

環境省紫外線環境保健マニュアル2008　http://www.env.go.jp/chami/uv/uv_manual.html

文部科学省『教員を目指そう』パンフレット　http://www.mext.go.jp/

日本ヘアカラー協会　http://www.jhca.ne.jp/

資生堂　http://group.shiseido.co.jp/

宅ふぁいる便調べ　http://www.lnet.co.jp/

『読売新聞』「女子大生ファッションは〝保守〟800人調査」1987年6月6日夕刊　10面.

おわりに

　本書を最後まで読んでいただきありがとうございました。

　毎年就職活動の時期になるとリクルートスーツを着て黒髪を一つにまとめた多くの就活生が頑張っている姿を見かけます。応援する気持ちと同時に，ここをこうすればもっと外見印象が良くなるのに……と感じることも多々あります。

　第一印象が就職活動の面接試験でいかに大切であるか，わかってはいてもどこをどうすれば印象が良くなるのか，これまで具体的に書かれたものはほとんどありませんでした。

　私のできることで就職活動に関わる方々の力になれることはないかという思いから，本書ではただ単にメイクを地味にして黒髪を一つに結ぶという一般的に思われがちな就活メイクから一歩進んで，人から好印象を得る就活メイクとは何かということに焦点を当てました。

　好ましい外見印象は対外的な効用をもたらします。またそれによってその人自身の心にも影響を及ぼします。自分の外見に自信がもてると内面も変わります。

　メイクやヘアスタイル，服装などによる外見印象と第一印象との関わりは大変重要です。その中でも顔はその人のパーソナリティを表すところであるため，顔の印象に関わるメイクやヘアスタイルは就職活動において特に重要となります。人から好印象を得る就活メイクで，自分に自信をつけて就職活動に臨んでいただきたいと思います。

本書が微力ながら多くの方々の力の一部になることを願い，これから就職活動に挑む方々，そして就職活動を支援なさっている教員や職員の方々，みなさまの幸運をお祈りいたします。

　そして撮影に協力して下さいましたモデルの方々，イラストを提供して下さいました KURIKO さん，協力して下さった多くの方々に心より感謝をいたします。

　最後になりますがミネルヴァ書房の三上無久さん，堺由美子さん，本書を出版するにあたり多くの助言を頂き大変お世話になりました。心よりお礼を申し上げます。ありがとうございました。

寿　マリコ

美容・基本用語集

*本書中で用いている用語の解説として簡潔にまとめています。

あ行

アイホール
上まぶたのくぼんでいる部分。

アイライン
目の縁に沿って入れるメイク。

アロマポット
皿に水または湯を入れエッセンシャルオイルを数滴落とし,下から温め蒸発させることで芳香成分を拡散させる道具。

エッセンシャルオイル(精油)
芳香植物に含まれる芳香物質を取り出したもの。

エマルジョン
混じり合わない2種類以上の物質で,一方が細粒となり均一に分散しているもの。

エメリーボード
自爪用の爪ヤスリ。

エラスチン
真皮などの結合組織中の弾力線維の構成成分。

大人ニキビ
ストレスや不規則な生活習慣,ホルモンバランスの乱れなどからできるといわれています。

か行

界面活性剤
水と油のように本来混じり合わない物質を溶け込んだ状態にする物質。

キメ
肌の皮溝(皮膚表面に細かく入った線の溝)と皮丘(皮溝に囲まれた盛り上がった部分)のこと。キメが細かいとは皮溝と皮丘が平らでなめらかな状態。

キャリアオイル
植物から抽出した植物油。

くすみ
血行不良や乾燥などにより肌が黒ずんで見える状態。

クマ
血行不良や疲れで目の下が黒く影のように見える状態。

グラデーション
色の明暗の連続的変化のこと。

毛穴
体毛が生えている皮膚の小さな穴。

ケラチン
髪の毛や爪などの組織を構成する構造たんぱく質の一種。

コットン
クレンジングやパッティング時などに使用します。毛羽立たないものを選びましょう。

コーム
くし。しっかりと髪の中までとかせるものを選びましょう。

コラーゲン
線維状たんぱく質で，皮膚，骨，血管などの結合組織の膠原線維を構成しています。

ゴールデンプロポーション
理想的な配置にするために必要なバランスのこと。

さ行

サンスクリーン
紫外線をブロックし皮膚を守りトラブルを予防するための化粧品。

色素沈着
皮膚にメラニン色素が蓄積し黒ずみやシミなどを引き起こすこと。

スキャルプ（頭皮）ケア
マッサージなどを行うことで頭皮の汚れを取り除いたり血行を促進させて頭皮の健康を保つためのケア。

スキンケア
素肌を美しく保つための肌の手入れ。

正中線
額から襟足まで頭を左右対称に分けた線。

た行

ダッカールピン
メイクの際，髪が顔にかからないように髪をとめたり，髪を分けとり押さえるときなどに使用します。

タッピング
指のハラでリズミカルに軽くたたくこと。

ツィザー
毛抜き。眉毛を抜くときなどに使用します。

ティッシュオフ
余分な水分や油分をティッシュで押さえること。

ディフューザー
電動式のファンにより芳香成分を拡散させる道具。

テカリ
時間がたち皮脂の分泌により肌が脂っぽく見えること。

な行

ニキビ
汚れや毛穴のつまりなどにより炎症をおこしている状態。

ノーズシャドゥ
肌よりも暗い色を眉頭から鼻の脇に影のように入れることにより立体感を出すことができます。

は行

ハイライト
肌よりも明るいトーンの色を高くみせたいところやふっくらとみせたいところに使用します。

パウダーパフ
パウダーを肌につけるときに使用します。

発色
アイシャドゥやリップ，チークなどを肌に塗ったときの色の出方。

パッティング
化粧水などをコットンに含ませたもので，やさしくリズミカルにたたき込み浸透させること。

ハーブティー
ハーブに湯をそそぎ煮出して飲用する（→183ページ，Beauty Column Ⅵ）。

ハーフマット
マットに比べ少しツヤを出すことで若々しい印象になります。

ハリ
肌の弾力性のこと。

ヒアルロン酸
人の体内にも含まれている保湿力の高い成分。ヒアルロン酸配合の化粧品は多く存在します。ヒアルロン酸はのびが良く皮膚に吸収されやすく角質層の水分量を高める効果があります。

皮脂
皮脂腺から出る脂のこと。

ビューラー
まつ毛をカールさせる道具。

表情筋
皮筋と呼ばれる顔の皮膚に付く筋肉で動かされており，さまざまな表情を表出します。

フェイスライン
頬からあごにかけてのライン。

ブラッシング
ブラシを使用して髪の根元から毛先に向かってとかすこと。からんだ髪をほぐしたり，抜け毛や汚れを取り除きツヤを与えます。

ヘアピン類
髪をとめるときに使用します。用途に合わせてさまざまな種類があります（→130ページ）。

アメリカピン…よく使用されるはさむ力がしっかりしているピン。

オニピン…ネジピンの小さいサイズのもの。

シングルピン…面を押さえくずれなくするときなどに使用します。

ネジピン…Uピンともいいます。髪の毛を多くつまむことができ，広げたり曲げたりできます。

ま行

マット
光沢やツヤのない質感。

メイク用ブラシ
メイクの際に使用するブラシ。用途に合わせさまざまな種類があります（→83ページ）。

アイシャドゥブラシ…大，中，小と大きさは用途に応じてさまざまで，大きいものはアイホール全体やノーズシャドゥを入れるときなどに使用します。小さいものは目の縁など細かい部分に使用します。

アイブロウブラシ…眉を描くときに使用します。

コームブラシ…眉をとかしたりマスカラを塗った後，まつ毛を根元からとかすときなどに使用します。

コンシーラブラシ…クリームタイプのコンシーラを塗るときなどに使用します。

スクリューブラシ…マスカラを塗った後まつ毛をとかすときに使ったり，眉毛を描いた後ぼかすために使用します。

チークブラシ…チークやパウダーをのせるときに使用します。

チップブラシ…スポンジでできており，しっかり色を出したい狭い範囲などに使用します。

フェイスブラシ…顔の広い部分で余分なフェイスパウダーをはらうときなどに使用します。

リップブラシ…口紅を塗るときに使用します。

目のフレームライン
目の縁のライン。

綿棒
クレンジングやアイラインをぼかすときなどに使用します。

や行

ヨレ
ファンデーションなどがムラになること。

ら行

リップライン
唇の輪郭のこと。

老廃物
体内の不要となったもの。むくみや肩こりの原因にもなります。

ローライト
肌よりも暗い色をフェイスラインや低く見せたい部分に影のように入れることによって顔が立体的に引きしまって見える効果があります。

〈著者紹介〉

寿 マリコ（ことぶき・まりこ）

池坊短期大学教授
日本女子大学大学院人間社会研究科修了　修士（社会福祉学）
大学卒業後，銀行勤務を経て渡仏。パリのメイク学校 Ecole de maquillage CHRISTIAN CHAUVEAU でヘアメイクを学ぶ。美容師免許取得。
TV 番組や CM などメディア関連のヘアメイク，東京都内ホテルブライダルサロン，ヘアメイク事務所ならびにアロマテラピーサロン主宰を経て現在に至る。
メイクがもたらす外見印象や心への効用に着目して研究や実践活動に力を注ぎ，女性のメンタルヘルスの向上にも取り組む。
現在，池坊短期大学で社会人としてのヘア＆メイクなどキャリア関連講座のほか，ヘアメイク実習，美容皮膚学等を担当，企業や官庁関連機関でマナーメイク講座，就労支援メイク講座，日本メイクセラピー協会でセラピスト養成講座等を行っている。

　　　　　　　　　　好印象で面接に勝つ！　就活メイク講座

2014年5月10日　初版第1刷発行　　　　　　　〈検印省略〉

定価はカバーに
表示しています

著　　者　　寿　　マリコ
発行者　　杉　田　啓　三
印刷者　　坂　本　喜　杏

発行所　株式会社　ミネルヴァ書房
607-8494　京都市山科区日ノ岡堤谷町1
電話代表　（075）581-5191
振替口座　01020-0-8076

©寿マリコ，2014　　　冨山房インターナショナル・藤沢製本

ISBN978-4-623-07075-6
Printed in Japan

松野弘 編著
大学生のための「社会常識」講座
——社会人基礎力を身に付ける方法

四六判・290頁・本体1800円

白井利明／高橋一郎 著
よくわかる卒論の書き方〔第2版〕

B5判・224頁・本体2500円

●手とり足とり就活BOOK────────

日本キャリアサポートセンター 編著
定番 SPI問題集〔第2版〕

A5判・272頁・本体1400円

日本キャリアサポートセンター 編著
定番 SPI基礎ベイシック〔第2版〕

A5判・276頁・本体1333円

●シリーズ・暮らしの科学────────

宮地良樹 著
皮膚の常識・非常識 知的なスキンケアQ&A〔改訂版〕

A5判・144頁・本体1600円

小西すず 著
体の中からキレイになるための 健康ダイエットQ&A

A5判・180頁・本体1800円

─── ミネルヴァ書房 ───

http://www.minervashobo.co.jp/